经海拾珠

《圣经》片段精选赏析与比较研究

作者：王军

Pearls in the Sea of Knowledge from the Bible

Appreciation, Analysis, and Comparative Study of Some Scriptures in the Bible

By: Benedict Wang

BALBOA
PRESS
A DIVISION OF HAY HOUSE

Balboa Press books may be ordered through booksellers or by contacting:

Balboa Press
A Division of Hay House
1663 Liberty Drive
Bloomington, IN 47403
www.balboapress.com
1 (877) 407-4847

Because of the dynamic nature of the Internet, any web addresses or links contained in this book may have changed since publication and may no longer be valid. The views expressed in this work are solely those of the author and do not necessarily reflect the views of the publisher, and the publisher hereby disclaims any responsibility for them.

The author of this book does not dispense medical advice or prescribe the use of any technique as a form of treatment for physical, emotional, or medical problems without the advice of a physician, either directly or indirectly. The intent of the author is only to offer information of a general nature to help you in your quest for emotional and spiritual well-being. In the event you use any of the information in this book for yourself, which is your constitutional right, the author and the publisher assume no responsibility for your actions.

Scriptures taken from the Holy Bible, New International Version®, NIV®. Copyright © 1973, 1978, 1984, 2011 by Biblica, Inc.™ Used by permission of Zondervan. All rights reserved worldwide. www.zondervan.com The "NIV" and "New International Version" are trademarks registered in the United States Patent and Trademark Office by Biblica, Inc.™ All rights reserved.

Any people depicted in stock imagery provided by Thinkstock are models, and such images are being used for illustrative purposes only. Certain stock imagery © Thinkstock.

Printed in the United States of America.

ISBN: 978-1-4525-8741-7 (sc)
ISBN: 978-1-4525-8742-4 (e)

Balboa Press rev. date: 2/26/2014

名人名言 (Quote)

"The first & almost only book deserving of universal attention is the Bible. I speak as a man of the World. So great is my veneration for the Bible, that the earlier my children begin to read it, the more confident will be my hope that they will prove useful citizens of their country & respectable members of society. I have for many years made it a practice to read through the Bible once every year."

JOHN QUINCY ADAMS, 6th PRESIDENT OF THE U.S.A., 1767-1848

http://www.wordproject.org/asia/fam_quo.htm

"做为尘世中的一个人，我要说，第一本，也几乎是唯一值得普世关注的书是《圣经》。我对《圣经》的无比敬畏之情让我觉得，我的孩子们越早读它，我就越有信心希望孩子们会成为受社会尊重、对国家有用的公民。多年来我一直是每年通读一遍《圣经》。"

约翰•昆西•亚当斯，美国第六任总统 (1767-1848)

Acknowledgment

As the book is reaching the last stage of getting published, I want to express my sincere gratitude to many people for their support and encouragement.

First of all, I am obliged to Hubei Institute for Nationalities for the supportive policy on academic efforts of the teachers.

Second, I am grateful to my wife, Li Fang, My son, Wang Xianghe and my mother Fu Helan for their emotional support and encouragement during the drafting process.

Third, my thanks also go to many warm-hearted people in America who offered various help during my stay there while I was revising my book. They are Terry Hall, Chen Qiqing, Ed Higginbotham, Donna Dorsey, Klay Bartee, Jon & Susan Bucher, Bob Reeley, Mark Wang, etc.

Fourth, my nephews Wang Xiaoxiong and Wang Qiulang, my nieces Wang Jinghua and Zhu zhimei, my students Wang Peng, Wu Yang, Liu Yang and Wei Xiaoang helped me by proof-reading some chapters of my last draft, for which I am very thankful.

Finally, I must sing high praise of the editing staff of my book project in Balboa Press, like Janelle Lim, Keelyn Walsh and etc, for their patience and professional guidance in editing my book.

All in all, thanks go to God!

出版前言 (Preface)

　　随着经济全球化的深入，文化全球化已是一种必然趋势。在文化全球化的进程中，我们要自觉地实现民族文化现代化的转换。在整合传统文化与现代文化、外来文化与本土文化的关系中，对民族文化进行综合创新。马克思主义的综合创新论包含着三个基本原则。第一，强调排除盲目的华夏中心论和西方中心论的干扰，破除中西对立、体用二元的僵化思维方式，以开放的胸襟、兼容的态度和探求真理的科学精神对待古今中外一切文化成果。第二，研究民族文化要立足于民族的实际，要坐在"民族"的身上研究世界的东西。应该在民族的基础上吸收外国的东西，要发扬民族的主体意识，经过分析批判和辩证的综合，建立一种既有民族特色又体现时代精神的新文化。第三，文化建设的根本问题在于创新。陈寅恪从思想史的角度论述引进和创新关系："窃疑中国自今日以后，即使能忠实输入北美或东欧之思想，其结局当亦等于玄奘唯识之学，在吾国思想史上，既不能居高之地位，且亦终归于歇绝者。其真能于思想上自成系统，有所创获者，必须一方面吸收输入外来之学说，一方面不忘本来民族之地位。"张岱年先生说得更清楚：真正的综合必是一个新的创造，"所谓创造的综合，即不止于合二者之长而已，却更要根据两方之长加以新的发展，完全成一个新的事物。"

　　《圣经》是基督教文化的支柱，它不仅是一部宗教经典，而且也是一部政治、历史、宗教、哲学、文艺、社会伦理、法律等方面的巨著。在西方世界的文明史上，《圣经》在各族民众的思想哲学、社会心态、文化生活，以及音乐、文学、雕塑、绘画等中，占据了独一无二，甚或是至高无上的地位。从某个角度上说，没有《圣经》，便没有了世界文化中的西方文明。《圣经》是世界上译本最多的书，至今已翻译超过2000种文字，超过97%的民族都有其本身语言的《圣经》；《圣经》是世界上销量最高的书，单在1800-1950年的150年间就印刷了15亿本，至今仍是世界上销量最多的一本书。全世界有超过10亿的人把它当做精神食粮。曾经担任美国最老的大学之一，耶鲁大学校长的威廉．莱尔普斯博士曾说过这样的话："我认为，有《圣经》的知识而无大学里的书本知识，比有大学里的书本知识而无《圣经》的知识，更有价值。"所以，《圣经》是研究西方文化的一把钥匙。

作为基督教的宗教经典，《圣经》也对中国产生了深远的影响。历史上动摇了中国封建社会根基的太平天国运动，就是以基督教思想为精神动力而发展起来的。近年来，中国基督徒数量在大部分地区发展较快，2010年《宗教蓝皮书》发布了由中国社会科学院世界宗教研究所课题组所作的《中国基督教入户问卷调查报告》，报告显示，中国基督教信徒人数总体估值为2305万人。然而，我们研究《圣经》，不仅仅只着眼于他的宗教作用，更注重的是《圣经》的文化影响力、精神和伦理道德感染力。

但是，《圣经》真的是如有些基督徒所认为的："圣经都是神所默示的"，是"人被圣灵感动说出神的话来"吗？任何一部作品，都是经过人手写的，都带有人的主观意愿和思想倾向。而《圣经》的作者却有25个，而且成书时间跨度长达1500年之久。其间经过无数次的辩论、修订、改写和翻译，历经了巨大的社会变迁，这一切因素，无疑都对《圣经》的最终形成产生了很大的影响。可以说，《圣经》是集体智慧的结晶，是时代发展的产物。它之所以有着神圣的魅力和不可磨灭的影响力，正是因为它是由各种不同身份、地位和职业的人共同写成，而且经历了跨若干时代的考验和修订，它承载了人类在漫长的发展历程中积累和沉淀的集体智慧。尽管如此，《圣经》毕竟是数千年以前的作品，毕竟还是人为的产物，还是难免有一定时代的特征和局限性。所以，我们研读《圣经》既要领略和品味《圣经》中所蕴含的关于社会、人生与世界的一些哲理性的启示，又要带着批判的眼光，用理性与科学的态度，辨其真伪，去其糟粕。

笔者正是带着这种取其精华，去其糟粕的态度完成本书的写作。

全书共分十三章。第一章是《圣经》简介，介绍了《圣经》的大致内容，产生历史和在世界文化中的地位。在《旧约》中选取了"上帝创世"、"伊甸园"、"失乐园"、"该隐和亚伯"、"诺亚方舟"、"灭世大洪水"、"巴别塔"构成了随后的七章。每章分为经文篇和赏析篇两个部分，经文篇引用《圣经》原文和中文翻译，赏析篇包括**语言点拨**、追根溯源、现世感悟、相关文艺创作等部分。具体部分不同章节可能有所不同。**语言点拨**主要是对经文中一些比较生僻的英语单词和古式英语进行了英汉双语解释，并配有例句，有助于爱好英语的人学习。追根溯源主要是对经文内容的理解、质疑并对比其他文化遗产中的相关内容；现世感悟主要是就经文内容所隐喻的深意和现实生活中的一些现象进行对比、分析和讨论；相关文艺创作是介绍这部分经文对世界文化产生的一些影响以及相关的一些文学艺术创作。从第九章开始就是《新约》中内容，结构与前面相似。大部分内容都在于对耶稣的传教通过和佛教的一些教义、中国传统的孔孟之道以及社会核心价值观等进行对比、分析、理解和论述。尽管《新约》部分只选取了耶稣旷野受试探、登山宝训（分两章评述）、天国的比喻、谁是我的邻居？（好撒玛利亚人）四段经文，构成了五章，却构成了整本书最核心的部分。书中还插入一些经典的相关图片，供大家欣赏。该书适合各种层次的人阅读，还可以用作大学生的选修课教材。

在写作过程中，深感自己才疏学浅，离自己所设想的目标相差太远。仅就《圣经》一本书来说，里面所隐藏的知识、信息和启示，就如浩瀚的海洋一样，深不可测。最简单直接的道与真理要想用语言向世人表达，就像这婆娑世界的存在一样复杂难名。正如老子所说："道可道，非常道。名可名，非常名。"笔者就像在这浩瀚的海洋边玩耍，惊喜的发现了几颗光彩的贝壳和珍珠，现在捧出，供大家品赏，故把本书定名为《经海拾珠》。伟大的目标，需要众多的能人志士共同努力实现，希望本人的绵薄之力能起到抛砖引玉的作用。

本书参阅了大量的文献和著作以及网上资源，并引用了众多专家和学者的观点，在此一并致谢。因时间和精力的限制，再加上自己积蕴不厚，书中难免有不足之处，还请广大读者批评指正。

作者: 2013-01-21

导读 (Introduction)

As the holy book for Christians, the Holy Bible holds a very significant role in western world. In China, people enjoy freedom of religious belief. There are many people believing in Taoism (mainly Tibetans), Islam (mainly the Uighurs) and Christian. However, most people are atheists as the leading party Communist Party of China is established originally on Marxism. Therefore, few people know the Holy Bible. Although there are some books introducing some stories in the bible, the essential meaning of the Holy Bible is rarely understood by people, which is a pity. With a view to guiding people to read the Holy Bible with great interest, the author wrote this book by selectively introducing some scriptures in the Holy Bible, analyzing the implied profound meaning intended by God, comparing those ideas with some traditional concepts in Chinese classics, discussing the inspiration and wisdom that people can get from the scriptures and the guidance that the scriptures can offer for people in modern life and introducing some literary creation relevant to the scriptures under discussion.

The book is composed of 13 chapters. Chapter one is a brief introduction of the Holy Bible, including the main contents, the writing history and its significant role in western people's life. All the chapters after chapter one are composed of two parts. The first part is the scriptures in English and in Chinese, which are directly downloaded from the internet, with minor changes in the Chinese version where the author think the translation is improper. The second part is appreciation and analysis beginning with vocabulary, which is included in every chapter. The most illuminating and thought provoking part lies in the subsequent appreciation and discussion, which is the author's main contribution.

From chapter 2 to chapter 8, some scriptures from the old testament are chosen for discussion.

In chapter 2, the Creation of the World (Genesis1,1-31), after knowing that the God created the world and human beings, different versions of the creation of the world and human beings are introduced, including the scientific assumption of Big Bang Theory and Darwin's Theory of Evolution, other western versions like that of Koran, the Greek mythology, the Egypt mythology, the Eastern mythology like Pangu Separating the Heaven and the Earth, Nuwa Creating Human Beings, the Buddhist's concept of the world and some scientists' claim of extraterrestrial beings visiting the Earth.

After introducing these different versions of the creation of the world, the author draws the following conclusion: Despite the fact that scientific account disclaims God's creation and that the mythologic versions from different parts of the world are diverse, most peoples refer to God. There is only one truth, yet its evidence is dismantled into pieces. Based on the limited evidence they happened to obtain and according to their own needs, imagination and aspiration, people from different parts of the world created different versions of creation stories. Was the world really created by the only one God? People should not only use scientific discoveries and dialectical thinking, but also depend on their inspired deep meditation and intuition to figure it out. Read the Holy Bible, and you may find the truth.

The God in *the Holy Bible* is compared with the Dao in Taoism work ---the *Dao De Jing* by Laozi. Both God and Dao have eternal existence and are the Law of the universe. God can communicate with people and give people commandments, guidance and hope, while Tao has no personal preference and runs permanently. According to the Holy Bible, people can live a holy life and be given eternal life by submitting to Jesus, repenting and following God's commandments. Otherwise, the sinners will be doomed. According to Taoism, to live peacefully and successfully people have to follow the rules of Tao. There are significant similarity between the ideas in the Holy Bible and those represented by Taoism.

Chapter 3, the Eden (Genesis 2) tells the story of God creating man and woman and putting them in Eden to work it and take care of it. After exploring the possible location of Eden and the four rivers mentioned in the Holy Bible, the religious root of women's subordinate role to men is discussed in combination with the same tendency in ancient China and in India. Although from the motivation and the process of of creating Adam and Eve, it can be judged that women should be subordinate to men, the bible does not advocate men maltreating women. Instead, God asks man to love his wife as a part of his body. Women's low social status in the ancient time and even in modern time in some part of the world resulted from various reasons. Now the Eden has become a symbol of peace and harmony in the hustle and bustle of modern life.

Chapter 4, the Fall of Man (Genesis 3) accounts how Eve and Adam were tempted to eat the fruit from the tree of wisdom which God had commanded them not to eat and as a result were driven out of the Eden by God. This is the original sin of man and thus changes the fate of all human beings in the world. The story has rich symbolic meaning. It also metaphorically reflects the history of the Jews. Reading the story from a philosophic perspective, the political philosophy reflected in the story is compared to that of Laozi in ancient China. Yielding to temptation incurs the fall of man. The serpent in the Eden is Satan that tempted man to sin. Temptation exists everywhere. Only by following God's commandment and resisting the temptation with a pure and holy heart, can we restore the peace and harmony of the Eden in our modern society.

Chapter 5, Cain and Abel(Genesis 4, 1-26) records the first murder committed by human beings, Cain killing his brother

Abel out of envy. By analyzing why Cain killed Abel his brother, the evil of envy, the importance of impartiality on the part of the authority, and the necessity of moral education are discussed.

Chapter 6, Noah's Ark (Genesis 6) talks about God's decision to destroy the world except Noah's family by flood because all the wickedness and evils he saw among the world made him regret his creation but only Noah, a righteous man and blameless among people of his time found favor in the eyes of the Lord. In order to save Noah and his family as well as keep seeds of all living creatures, the Lord taught Noah to built an ark. Research is done about the possible location where the Ark might have landed and introduction of Noah's arks of modern versions is made. In order to reserve the world for the future generation of human being, the natural environment should be protected. On the one hand, Man should not seek economic development and temporary comfort of life at the expenses of the ecological balance. On the other hand, people of different countries and regions should promote communications and exchanges and solve problems and disputes through peaceful negotiations instead of fighting with one another.

Chapter 7, the Great Flood (Genesis 7) describes the great flood that the Lord caused to fall upon the earth to destroy the world. Different versions of great flood from different parts of the world and evidences of fossils are collected to prove the authenticity of the prehistoric great flood. Whether it is the Lord who caused the flood to punish the wicked world or it is some extraterrestrial power in the universe that caused the flood, the lesson from this great flood is that human beings should live in harmony among themselves and with the world around them, let peace, justice and righteousness prevail the universe, protect and preserve the world for all the generations to come.

Chapter 8, the Tower of Babel (Genesis 11) tells the story that the Lord confused people's languages to frustrate the human being's attempt to build a tower to establish their own name. Babel in history is explored and lessons from the story are discussed: 1. Individual ability is limited while the power of unity is limitless; 2. God confused people's language to impose some limitation on human beings, which is for their benefit. Without control and restraint of the laws and regulations, the world will be in a great mess; 3. Humility is a necessary virtue for people, not only to the God, but also to one another.

Chapter 9, the Temptation of Jesus(Mathew 4) is about how Jesus resisted the temptation of Satan with his strong belief in God and began to preach. From this chapter on is about Jesus and his preaches. So a brief introduction of Jesus is presented, followed by some information about Satan. The three trials of Jesus are analyzed: the first one is to test Jesus's belief in God; the second is to try his perseverance needed in carrying out his mission; the third is to test his ability to resist the lures in the world. All these provide much lesson for modern people to learn from. Jesus represents truth, virtues and beauty while Satan is the symbol of evil and wickedness. Life is full of all kinds of temptation and only with strong belief in God, following Jesus and all the virtues can people discover, control and drive away Satan to live a holy and peaceful life.

In Chapter 10, Sermons on the Mountain I(Mathew 5, 5-12), Jesus told people eight kinds of people who can be blessed. The author analyzes each kind by first explaining the meaning understood by Christians, or religious meaning and then discussing the implied meaning as well as its moral guidance to people in modern time. A lot of quotations, comparisons and examples are given to support the ideas. By reading this chapter carefully, readers can benefit a lot in forming good character and establishing high moral standard.

In Chapter 11, Sermons on the Mountain II(Mathew 5, 13-48), the metaphoric meanings of the salt and light are explained both religiously secularly. As a Christian, one must keep his faith with god and not change his position. Salt can prevent decay, so do the Christians can help to prevent the people around them from corrupting. Sometimes in order to exert its power, the salt must dissolve itself. In the same way, in order to follow God's way and walk with God, a Christian should have the courage to sacrifice himself in certain circumstances. Light is God. Light is life. Light drives away darkness and gives people hope, courage, warmth and direction, so should the Christians do among the people in the world by living holy life, loving and helping people around them just as Jesus did. If all people become real Christians, the world will be heavenly.

A comparison is made with the members of the Communist Party of China. A CPC member should also function like the salt and light. He should hold fast to his belief, never waver. History reveals that those who betrayed the party finally fell and degraded themselves while those who endured all kinds of trials and hardships and resisted all kinds of temptations succeeded in the end. Some who sacrificed themselves for the cause of the party had a permanent memory in people's mind and some might not even leave their names in the world after their sacrifice, yet their spirits last forever. In the modern time, a CPC member should be steadfast in his belief and follow the standard of a true CPC without corruption. If all the CPC members can behave like salt and light to prevent corruption, drive away darkness, lighten up the world around them, the country will be a heavenly place and then the world will learn from them to be heavenly.

Forgiveness, tolerance and unselfish love are other virtues Jesus taught people to have, which are also analyzed one after another. A lot of quotations and examples are provided to back up the ideas.

In Chapter 12, the Parables and Metaphors of the Heavenly Kingdom (Matthew 13), Jesus used several parables to express the idea of heavenly kingdom. A parable is a succinct story, in prose or verse, which illustrates one or more instructive principles, or lessons, or (sometimes) a normative principle. It sketches a setting, describes an action, and shows the results. Metaphors are implied in the parables. A metaphor is the expression of an understanding of one concept in terms of another concept, where there is some similarity or correlation between the two. Metaphors can make abstract concepts vivid. However, since the ideas in the metaphors are not clearly expressed, but symbolized or implied, there may be different understandings among different readers. The diversified understandings of Jesus' metaphors about the heavenly kingdom among Christians are discussed.

To understand co-textually in the Holy Bible, the metaphoric meaning in the parable of mustard seed refers to the external obstructive or destructive danger that the realization process of heavenly kingdom might encounter, while the parable of the leaven refers to internal danger. Some people understand the two parables optimistically, thinking that the metaphorical meaning is the fast development of the heavenly kingdom. This kind of understanding, though inspiring, is not consistent with the real situation. As we know, the way toward the heavenly kingdom is by no means easy. Instead, it is rather narrow, just as Jesus said "Enter through the narrow gate. For wide is the gate and broad is the road that lead to destruction, and many enter through it. But small is the gate and narrow the road that leads to life, and only a few find it." (Matthew 7:13-14).

The metaphoric meaning of hiding treasure in the field and selling all one has to buy the pearls alludes the whole process of God choosing the Jews, helping them to get the land He promised, the Jews betraying, God sending his only son Jesus to the world to save them and spreading the gospel to the gentles and to people all over the world. The parables and their implied meanings illustrate God's great love toward human beings and strengthen the idea that one must be steadfast in believing God and serving God willingly.

These parables of heavenly kingdom contains some universal value and truth: great effort and sacrifice should be made in seeking truth and holding fast to one's belief and all the efforts and sacrifice one made for the truth and belief is worthwhile and rewarding.

Finally, the concept of worldly heaven is introduced and analyzed. To Christians, the heaven in the Bible is a place where people never die. It is like the purity land of Buddhism. For secular people, however, it can be understood metaphorically as a worldly heaven where there are no fights, crimes, struggles, worries, and troubles, people live prosperously, comfortably, healthily, happily, harmoniously and peacefully with each other, in the beautiful environment including all kinds of living creatures and plants. The world of communism is just another name of heaven in the world, the similar or even the same with God's heaven, but on the earth, worldly heaven. If God is understood as a symbol of the highest moral standards and virtues, then what the CPC members and the Christians seek and should do are the same.

Chapter 13, Who Is My Neighbor? deals with the story of the good Samaritan. It was the Samaritan who came to the rescue of a needy person on the road instead of the priest or the Levite, who were supposed to be ready to help the person but passed by. By introducing and analyzing the relationship between the figures and the environment involved in the story, it reveals to the readers not only the call for selfless love of God, but also the great wisdom of Jesus exemplified through the story, which is the wisdom of God.

Conclusion:

Building a peaceful, harmonious, beautiful and prosperous world is the common aspiration of all the people in the world, with no difference between skin colors, races and national borders. God and Jesus among Christian or Anna Allah and Mohammad among Muslims, are just different names of God in the hearts of believers. Jesu and Mohammad are bridges between God and human beings, also bridges between the ideal and the reality. The communism that the CPC seek to realize is another name of worldly heaven. Believing God and seeking communism are both pursuing the highest standard of truth, virtues and beauty. Therefore, there is no need to fight with one anther for a different name. People with different beliefs should promote communication and understanding and develop together.

History confirms that the more a belief represents the entire human beings' hope and aspiration, the more influence it can have on the world. We should love others like ourselves; love our countries like our families; love the whole society and the world like our own nations and counties. If communication and understanding are carried out peacefully and equally among individuals, among peoples and nations and especially among different beliefs; if no matter how different are the colors of the skin, the languages people speak, people in the west or east, north or south respect, love and cooperate with one another, then the worldly heaven can be realized on the earth.

Reading the Holy Bible can make the religious people more holy and sanctified and secular people turn to Christian or at least become more responsible and sensible citizens.

目 录 (Catalogue)

第一章《圣经》简介

《圣经》(HolyBible)是基督教,也称作亚伯拉罕诸教(包括基督新教、天主教、东正教、犹太教等宗教)的宗教经典,分为《旧约全书》(Old Testament)和《新约全书》两大部分,合起来称《新旧约全书》,旧约是犹太教的经书,新约是耶稣基督以及他的使徒的言行和故事的纪录。公元前1450年到公元100年,《圣经》的撰写花了超过1500年。《圣经》作者超过25人,他们有各种各样的背景,包括预言家、牧师、渔夫、国王、征税者和医生。从文学的角度来看,《圣经》有丰富多彩的文学体裁,有神话传说、短篇故事、小说、戏剧、小品文、历史记载、人物传记、诗歌、箴言、歌曲、书信等,还有寓意深刻的多种修辞手法,如明喻、暗喻、借喻、夸张、反语、拟人、双关语等。

"约"源于希腊文diathēkē,拉丁文作testamentum,意为盟约。《旧约》本为犹太教的正式经典,后被基督教承认为圣经,但基督教认为,旧约是指上帝与以色列人之间的盟约,规定耶和华上帝是以色列人的独一真神,以色列人则是上帝的选民,并在西乃山通过摩西与以色列人订立了他们必须遵从的十条诫命。新约则是通过耶稣基督与信者订立的。新约的意思是,由于以色列人屡次背约,不断犯罪,为了救赎世人,上帝派遣自己的独生子耶稣降世,作为上帝与人之间的中间保护人。耶稣用自己的血肉之身作赎价订立一个新的盟约,救赎了世人的原罪,使上帝与全人类重新和好,他让传教士们把上帝救世的福音向全世界的人传播,使基督教在世界各国发展开来,从而打破了以色列选民对上帝救恩的垄断。

教会认为,"圣经都是神所默示的",是"人被圣灵感动说出神的话来"。它是上帝的启示,是信仰的总纲,处世的规范,永恒的真理。《圣经》就是一部人类救赎史,它记载着上帝与人类的关系,从《创世记》到《启示录》是上帝对人类的爱的计划的逐步实现。因此,把它译成汉语时,取其"神圣典范"、"天经地义"的意思,译为《圣经》。

《圣经》是基督教文化的支柱,它不仅是一部宗教经典,而且也是西方文化的瑰宝。它含有丰富而深邃的思想内容,寓有关于社会、人生、自然、宇宙的多重重要观念，能够跨越时空，不仅隶属于某个时期，也隶属于所有时代，为人类社会生活提供与时俱进的精神文化资源。在西方基督教国家里，《圣经》是一部家喻户晓、妇孺皆知的书，也是多数人必读的一部书。几乎在每一个洗礼、婚礼和葬礼上，你都会发现有人手中捧着《圣经》；几乎在西方的每个法庭上，法官都让人们手按《圣经》起誓。《圣经》是世界上译本最多的书，《圣经》也是世界上销量最大的书，单在1800-1950年的150年间就印刷了15亿本，至今仍是世界上销量最多的一本书。它的影响渗透到社会的每一个角落。思想家、文学家、艺术家们都认为借用《圣经》典故是向读者表达创作意图的最好手段之一，不但容易被人理解，而且易被接受。英国维多利亚时代最伟大的诗人丁尼生在自己的著作中引用《圣经》300多次。文学巨匠莎士比亚的著作中，有500多个概念和用语直接引自《圣经》。《圣经》中的词汇融入西方各国的语言，尤其是是英语语言。

所以说，《圣经》是研究西方文化的一把钥匙。

Chapter One:
Brief Introduction to The Holy Bible

Holy bible is the religious scriptures of Christian, including Protestant, Catholic Orthodox, Jewish, etc. It consists of Old Testament and New Testament. The Old Testament is the Jewish scriptures and the New Testament is the records of the words, deeds, and stories of Jesus Christ and Apostles. There are 46 volumes in the Old Testament of Catholic and Orthodox, including several volumes that other sects classified as secondary scriptures. The Old Testament of Protestant is made up of 39 volumes; whereas there are only 24 volumes in the Old Testament of Jewish as some volumes with comparatively fewer chapters are combined as a single volume. New Testament of all these Christian sects contains 27 volumes. There are altogether 66 volumes, 1189 chapters and 31173 sections in the Holy Bible in simplified characters and modern punctuations issued by Chinese Christian Three-Self Patriotic Movement Committee and China Christian Council. It took more than 25 people of different origins and background more than 1500 years, from 1450 B.C. to 100 A.D to write the whole book. Among the writers were prophets, priests, fishermen, kings, tax collectors, and doctors. From a literary point of view, there is a variety of literary genres in the Holy Bible, including myths and legends, short stories, plays, essays, historical records, biographies, poetry, proverbs, songs, letters, etc. as well as a variety of rhetorical devices with profound meanings, such as simile, metaphor, hyperbole, irony, personification and puns.

The word "Testament", stemmed from Greek diathēkē, testamentum in Latin, means covenant. The Old Testament was originally the official classic of Jewish, but was later accepted by Christian as Holy Scriptures. According to Christian, the Old Testament refers to the covenant between God and Israel, which stipulates that the Lord God is the one true God of the Israelites and the Israelites are God's chosen people and must comply with the Ten Commandments laid down by God through Moses on Mount Sinai. The New Testament is made through Jesus Christ with believers. The New Testament implies that as the Israelis repeatedly transgressed the covenant and committed crimes constantly, God sent his only Son, Jesus as the mediator between God and man to redeem the world. Jesus ransomed his own flesh and blood to redeem people's original sin and make a new covenant, thus to reconcile God and man and to break the monopoly of the Israelis as the chosen people of the God of Salvation.

The Church believes that "All scriptures are given by inspiration of God; man speaks God's words after inspired by Holy Spirit". It is the revelation of God, the general principles of the beliefs, the norms of living and eternal truth. Recording the relationship between God and human, the whole Holy Bible is a history of human salvation. From Genesis to Revelation, it is the progressive realization of God's plan of love to human. Therefore, the meaning of divine model and unalterable principle is adopted when it is translated into Chinese.

The Holy Bible is the pillar of the Christian culture. It is not only a religious classic, but also a treasure in western culture. It contains rich and deep ideological contents, and combines many important concepts about society, life, nature and the universe. Being able to transcend time and space, it does not only belong to a period, but also to all the times, offering spiritual and cultural resources for human social life.

In the Christian West, the Holy Bible is a household book, known by everybody including women and children and a book to read for most people. At almost every baptism, wedding and funeral, you will find someone holding the Holy Bible; at almost every court in the west, the judge would ask people to oath with their hands on the Holy Bible. Among all the works in the world, the Holy Bible has the greatest number of translated versions in the world. It has so far been translated into over 2000 languages and more than 97% of the nations have Holy Bible of their own languages, while the total number of translated versions of other works only amount one tenth of that of the Holy Bible. The Holy Bible is the world's highest-selling book. During 150 years from 1800 to 1950, 1.5 billion versions were printed and it is still the world's largest selling book nowadays. Its influence infiltrates every corner of society. Thinkers, writers, and artists all regard citing biblical allusions as one of the best means to express their creative intent to the reader, since they are easy to understand and accept. Victorian England's greatest poet Tennyson referred to the Holy Bible about 300 times in his writings and there were over 500 concepts and terms directly quoted from the Holy Bible in the literary giant Shakespeare's works. Lots of words in the Holy Bible found their ways into many western languages, especially English.

Therefore, the Holy Bible is the key to the study of western cultures.

第二章 创世记

Creation of the World (GENESIS 1)
The beginning

1 In the beginning God created the heavens and the earth. ² Now the earth was formless and empty, darkness was over the surface of the deep, and the Spirit of God was **hovering over** the waters.

³ And God said, 'Let there be light,' and there was light. ⁴ God saw that the light was good, and he separated the light from the darkness. ⁵ God called the light 'day', and the darkness he called 'night'. And there was evening, and there was morning – the first day.

⁶ And God said, 'Let there be a vault between the waters to separate water from water.' ⁷ So God made the vault and separated the water under the vault from the water above it. And it was so. ⁸ God called the vault 'sky'. And there was evening, and there was morning – the second day.

⁹ And God said, 'Let the water under the sky be gathered to one place, and let dry ground appear.' And it was so. ¹⁰ God called the dry ground 'land', and the gathered waters he called 'seas'. And God saw that it was good.

¹¹ Then God said, 'Let the land produce vegetation: seed-bearing plants and trees on the land that bear fruit with seed in it, according to their various kinds.' And it was so. **12** The land produced vegetation: plants bearing seed according to

their kinds and trees bearing fruit with seed in it according to their kinds. And God saw that it was good. ¹³ And there was evening, and there was morning – the third day.

¹⁴ And God said, 'Let there be lights in the vault of the sky to separate the day from the night, and let them serve as signs to mark sacred times, and days and years, ¹⁵ and let them be lights in the vault of the sky to give light on the earth.' And it was so. ¹⁶ God made two great lights – the greater light to govern the day and the lesser light to govern the night. He also made the stars. ¹⁷ God set them in the vault of the sky to give light on the earth, ¹⁸ to govern the day and the night, and to separate light from darkness. And God saw that it was good. ¹⁹ And there was evening, and there was morning – the fourth day.

²⁰ And God said, 'Let the water **teem with** living creatures, and let birds fly above the earth across the vault of the sky.' ²¹ So God created the great creatures of the sea and every living thing with which the water teems and that moves about in it, according to their kinds, and every winged bird according to its kind. And God saw that it was good. ²² God blessed them and said, 'Be fruitful and increase in number and fill the water in the seas, and let the birds increase on the earth.' ²³ And there was evening, and there was morning – the fifth day.

²⁴ And God said, 'Let the land produce living creatures according to their kinds: the livestock, the creatures that move along the ground, and the wild animals, each according to its kind.' And it was so. ²⁵ God made the wild animals according to their kinds, the livestock according to their kinds, and all the creatures that move along the ground according to their kinds. And God saw that it was good.

²⁶ Then God said, 'Let us make mankind in our image, in our likeness, so that they may rule over the fish in the sea and the birds in the sky, over the livestock and all the wild animals,[a] and over all the creatures that move along the ground.'

^{27} So God created mankind in his own image,

in the image of God he created them;

male and female he created them.

^{28} God blessed them and said to them, 'Be fruitful and increase in number; fill the earth and **subdue** it. Rule over the fish in the sea and the birds in the sky and over every living creature that moves on the ground.'

^{29} Then God said, 'I give you every seed-bearing plant on the face of the whole earth and every tree that has fruit with seed in it. They will be yours for food. ^{30} And to all the beasts of the earth and all the birds in the sky and all the creatures that move along the ground – everything that has the breath of life in it – I give every green plant for food.' And it was so.

^{31} God saw all that he had made, and it was very good. And there was evening, and there was morning – the sixth day[1].

创世 (创世记)
起初

1 起初神创造天地。2. 地是空虚混沌, 渊面黑暗; 神的灵运行在水面上。

3. 神说:"要有光。"就有了光。4. 神看光是好的, 就把光暗分开了。5. 神称光为昼, 称暗为夜。有晚上, 有早晨, 这是头一日。

6. 神说:"诸水之间要有空气, 将水分为上下。"7. 神就造出空气, 将空气以下的水, 空气以上的水分开了。事就这样成了。8. 神称空气为天。有晚上, 有早晨, 这是第二日。

9. 神说:"天下的水要聚在一处, 使旱地露出来。"事就这样成了。10. 神称旱地为地, 称水的聚处为海。神看着是好的。

11. 神说:"地上要长青草和结种子的菜蔬, 还有结果子的树木, 有各种不同的类别, 果子都包着核。"事就这样成了。12. 于是地上生了各种这样

---

[1] All the 258 verses of scriptures are taken from the NIV. The following is the Notice of Copy Right: Holy Bible, New International Version® Anglicized, NIV® Copyright © 1979, 1984, 2011 by Biblica, Inc.® Used by permission. All rights reserved worldwide.

的青草和结种子的菜蔬，以及结果子的树木，果子都包着核。神看着很满意。13. 有晚上，有早晨，这是第三日。

14. 神说："天上要有光体，可以分昼夜，做记号，定节令、日子、年岁，" 15. 并要发光在天空，普照在地上。"事就这样成了。16. 于是神造了两个大光，大的管昼，小的管夜。又造众星。17. 就把这些光体摆列在天空，普照在地上。18. 管理昼夜，分别明暗。神看着很满意。19. 有晚上，有早晨，这是第四日。

20. 神说："水要多多滋生有生命的物，要有雀鸟飞在地面以上，天空之中。"21. 神就造出大鱼和水中所滋生各样有生命的动物，各从其类。又造出各样飞鸟，各从其类。神看着是好的。22. 神就赐福给这一切，说："滋生繁多，充满海中的水。雀鸟也要多生在地上。"23. 有晚上，有早晨，是第五日。

24. 神说，"地要生出活物来，各从其类。牲畜，昆虫，野兽，各从其类。"事就这样成了。25. 于是神造出各种各样的野兽，各种各样的牲畜，和各种各样的昆虫。神看着很满意。

26. 神说："我们要照着我们的形像，按着我们的样式造人，使他们管理海里的鱼，空中的鸟，地上的牲畜，地球上所有的野生动物和一切爬行的昆虫。"

27. 神就照着自己的形像造人，也就是照着神的形像造了男人和女人。

28. 神赐福给他们，对他们说："要生养众多，遍布地球，治理它。也要管理海里的鱼，空中的鸟，和地上各样行动的活物。"

29. 神说："看哪，我把地球上一切结种子的菜蔬和一切树上所结有核的果子，都赐给你们作食物。"30. "至于地上的走兽和空中的飞鸟，和各种各样爬行地上有生命的物体，我把青草赐给它们作食物。"事就这样成了。

31. 神看着一切所造的都甚好。有晚上，有早晨，是第六日。

鉴析篇 (Appreciation and Analysis)

I. 语言点拨 (Vocabulary)

hover *vi*
1. fly /move over 在上空飞行/运行
2. to stay in the same position in the air without moving forwards or backwards: 悬浮, 振翅悬停: *Some beautiful butterflies hovered above the wild flowers.* 一些美丽的蝴蝶在野花上方飞舞。
3. to stay in one place and move slightly in a nervous way 停留在一处, 踌躇, 徘徊: *He was hovering in front of her house.* 他在她的房前徘徊。
4. to be hesitant, indecisive: 犹豫不决, 处在不确定的状态: *Just as at the turn of thecentury, we hover between great hopes and great fears.* 正如世纪之交时那样, 我们再次在巨大的希望和忧虑之间彷徨不定。

teem *vi*
to be present in large quantity 大量存在:
Fish teem in the Chinese waters. 中国近海鱼产丰富。
teem with be full of, be abundant with 充满, 盛产:
The rivers here teem with fish. 这里的河流中有大量的鱼。
For most of the time, this area is teemed with tourists. 这一地区大部分时间都游人如织。

subdue *vt*
1. overcome; bring under control: 征服; 克服; 压制: *He successfully subdued and conquered his fear.* 他成功的压制并克服了恐惧。
2. cause to yield: 使屈服: *Neither riches nor honors can corrupt him; neither poverty nor humbleness can make him swerve from principle; and neither threats nor forces can subdue him.* 富贵不能淫, 贫贱不能移, 威武不能屈。

3. make quieter, softer, gentler: 使较为安静、柔和、温顺；缓和；减弱：(esp. pp) (尤用其过去分词) *subdued voices/lights*; 降低的声音 (减弱的光线)；*a tone of subdued satisfaction in his voice.* 他声音中略带满足的语气。

2. 追根溯源 (How the World Came into Being?-- Seeking Truth)

世界是如何形成的？人类起源于何处？这些问题一直在困扰着人类。从古至今，从未停止过探索。到目前为止，学术界关于宇宙的形成以及人类起源的见解仍不统一。下面就来看看几种有影响力的说法吧。

宇宙大爆炸 (The Big Bang)

宇宙学说认为，我们所观察到的宇宙，在其孕育的初期，集中于一个很小、温度极高、密度极大的原始火球。在150亿年到200亿年前，原始火球发生大爆炸，从此开始了我们所在的宇宙的诞生史。宇宙原始大爆炸后0.01秒，宇宙的温度大约为1000亿度。物质存在的主要形式是电子、光子、中微子。以后，物质迅速扩散，温度迅速降低。大爆炸后1秒钟，下降到100亿度。大爆炸后14秒，温度约30亿度。35秒后，为3亿度，化学元素开始形成。温度不断下降，原子不断形成。宇宙间弥漫着气体云。他们在引力的作用下，形成恒星系统，恒星系统又经过漫长的演化，成为今天的宇宙[2]。

关于人类的起源，通过科学家上百年的研究和争论，目前为多数科学家认同的看法：非洲大陆曾经发生过剧烈的地壳变动，形成了巨大的断裂谷。断裂谷南起坦桑尼亚，向北经过整个东非，一直到达巴勒斯坦和死海，长达8 000 km。断裂谷两侧的生态环境因此发生了巨大的变化，当地的森林古猿也因此而逐渐分化成两支：仍旧生活在森林环境中的森林古猿，逐渐进化成现代的类人猿；生活在断裂谷东部高地的森林古猿，由于森林减少，不得不经常从树上下来寻找食物。由于身体结构的变异和环境的改变，逐渐形成了利用下肢行走的习惯，从而在以后的漫长岁月中获得了巨大的发展机会。到据今大约200万年前，直立行走并能够制造和利用工具的古代人类出现了，人类学家把他们称为直立人。按照这种说法，人类起源于森林古猿，并大致出现在距今400多万年前。根据早期人类化石在非洲的发现，可以认为人类起源于非洲。此外，部分科学家对不同地区人群的线粒体基因以及Y染

---

2 http://baike.baidu.com/lemma-php/dispose/view.php/2496.htm

色体上的基因与非洲地区人类基因的比较研究，也支持人类起源于非洲，并迁徙至地球的不同地区。

西方神话 (Western Mythology)

按照基督教的《圣经》的说法，天地万物，包括日月星辰，风雨雷电，地球上的动植物和人类，都是自有永有的唯一的神耶和华在六天之内所创造的。

根据伊斯兰教的《古兰经》，天地万物和人类都是唯一的真主安拉所创造的。

在古希腊神话中，世界起源于一片混沌的状态(卡俄斯)，卡俄斯以后人难以解释的方式从怀抱里生产该亚(大地)和孪生兄弟塔耳塔罗斯(地狱)。该亚从自己体内分娩了乌拉诺斯(天)、山脉和蓬托斯(海洋)，再与所生之子乌拉诺斯结合，孕育了独眼巨人和赫卡同克伊瑞斯(百手巨人)；与蓬托斯结合生育了不同的海神，使之成为希腊神话中诞生的世界上的第一批神(提坦神)。提坦神间彼此结合而生太阳、月亮、星辰等。普罗米修斯创造了人，

他是被宙斯放逐的古老的神苾族的后裔，是地母该亚与乌拉诺斯所生的伊阿佩托斯的儿子。他聪慧而睿智，知道天神的种子蕴藏在泥土中，于是他捧起泥土，用河水把它沾湿调和起来，按照世界的主宰，即天神的模样，捏成人形。为了给这泥人以生命，他从动物的灵魂中摄取了善与恶两种性格，将它们封进人的胸膛里。在天神中，他有一个女友，即智慧女神阿西娜(Athena)；她惊叹这提坦神之子的创造物，于是便朝具有一半灵魂的泥人吹起了神气，使它获得了灵性。

古埃及神话的描述是，宇宙间始于一片幽暗，没有任何生气。大地是无边无际的瀛水，即"努恩"。水中出现了一个丘阜，于是有了陆地。一朵荷花赫然而现，绽开的花中出现一个婴儿，这便是太阳——拉。初升的太阳驱散黑暗，照亮寰宇。世间逐渐有了生命。

拉神出生后，没有天，没有地，没有动物，只有水渊"努恩"，拉神造了天和地，天和地空空荡荡，没有众人，也没有群神，拉神便按照自己的模样思于心，于是，诸神相继出世。

拉神首先从口中吐出两神，即空气——舒和水气——泰芙努特；空气和水气结合，生了天——努特和地——盖布。接着，拉神的眼泪落在地上，人遂生于其泪水[3]。

---

[3] http://club.163.com/viewElite.m?catalogId=301431&eliteId=301431_100 df71e33b0006

东方神话 (Eastern Mythology)

印度神话说大梵天从自己的手、心、脚中生出10个 (也有说是7个或21个的) 儿子, 再由他的子孙生出天神、凡人、妖魔、禽兽及世间万物。

中国古代有许多种开天辟地的创世神话, 袁珂先生搜集了七种。有"混沌创造天地", 语出《庄子.应帝王》、"阴阳二神开创天地", 出自《淮南子.精神训》、"巨灵创造天地", 源自《路史.前纪三》、《水经注.河水》等、"朴父夫妇开创天地", 出自《神异经.东荒南经》、"鬼母创造天地", 出自《《述异记》、"烛龙开天辟地", 出自《山海经.大荒北经、海外北经》等、"有盘古开天地", 多见于民间特别是苗瑶民间传说, 许多古代文献资料中也有记载[4]。"盘古开天地"是最普遍的一种说法。

传说太古时候, 天地不分, 整个宇宙像个大鸡蛋, 里面混沌一团, 漆黑一片, 分不清上下左右, 东南西北。但鸡蛋中孕育着一个伟大的英雄, 这就是开天辟地的盘古。盘古在鸡蛋中足足孕育了一万八千年, 终于从沉睡中醒来了。他睁开眼睛, 只觉得黑糊糊的一片, 浑身酷热难当, 简直透不过气来。他想站起来, 但鸡蛋壳紧紧地包着他的身体, 连舒展一下手脚也办不到。盘古发起怒来, 抓起一把与生俱来的大斧, 用力一挥, 只听得一声巨响, 震耳欲聋, 大鸡蛋骤然破裂, 其中轻而清的东西向上不断飘升, 变成了天, 另一些重而浊的东西, 渐渐下沉, 变成了大地。

盘古开辟了天地, 高兴极了, 但他害怕天地重新合拢在一块, 就用头顶着天, 用脚踏住地, 显起神通, 一日九变。他每天增高一丈, 天也随之升高一丈, 地也随之增厚一丈。这样过了一万八千年。盘古这时已经成为一个顶天立地的巨人, 身子足足有九万里长。就这样不知道又经历了多少万年, 终于天稳地固, 不会重新复合了, 这时盘古才放下心来。但这位开天辟地的英雄已经筋疲力尽, 再也没有力气支撑自己, 他巨大的身躯轰然倒地了。

盘古临死时, 全身发生了巨大的变化。他的左眼变成了鲜红的太阳, 右眼变成了银色的月亮, 呼出的最后一口气变成了风和云, 最后发出的声音变成了雷鸣, 他的头发和胡须变成了闪烁的星辰, 头和手足变成了大地的四极和高山, 血液变成了江河湖泊, 筋脉化成了道路, 肌肉化成了肥沃的土地, 皮肤和汗毛化作花草树木, 牙齿骨头化作金银铜铁、玉石宝藏, 他的汗变成了雨水和甘露。从此开始有了世界。

然后就有女娲造人之说。

盘古开天辟地之后, 女娲就在天地间到处游历。当时, 尽管大地上已经有了山川草木, 有了鸟兽虫鱼, 但仍然显得死气沉沉, 因为大地上没有人

---

[4] 吴天明.中国神话研究.p,81-85

类。一天，女娲行走在荒寂的大地上，心中感到十分孤独，她觉得应该给天地之间增添些更有生气的东西。

女娲滑行在大地上，她热爱树木花草，然而她更加陶醉于那些更活泼、更富有朝气的鸟兽虫鱼。在把它们打量了一番后，女娲认为盘古的创造还算不上完整，鸟兽虫鱼的智力远远不能使她满足。她要创造出比任何生命都更卓越的生灵。

女娲沿着黄河滑行，低头看见了自己美丽的影子，不禁高兴起来。她决定用河床里的软泥按照自己的形貌来捏泥人。女娲心灵手巧，不一会儿就捏好了好多的泥人。这些泥人几乎和她一样，只不过她给他们做了与两手相配的双腿，来代替龙尾巴。女娲朝着那些小泥人吹口气，那些小泥人便被灌注了活力，"活"了起来，变成了一群能直立行走、能言会语、聪明灵巧的小东西，女娲称他们为"人"。女娲在其中一些人身上注入了阳气——自然界一种好斗的雄性素，于是他们就成了男人；而在另外一些人身上，她又注入了阴气——自然界一种柔顺的雌性素，于是她们便成了女人。这些男男女女的人们围着女娲跳跃、欢呼，给大地带来了生机。

女娲想让人类遍布广阔的大地，但她累了，做得也太慢了。于是，她想出一条捷径。她把一根草绳放进河底的淤泥里转动着，直到绳的下端整个儿裹上一层泥土。接着，她提起绳子向地面上一挥，凡是有泥点降落的地方，那些泥点就变成了一个个小人。女娲就这样创造了布满大地的人们。

大地上有了人类，女娲神的工作似乎就可以停止了。但她又有了新的考虑：怎样才能使人很好地生存下去呢？人总是会死亡的，死去一批，再造一批，那就太麻烦了。于是，女娲神就把男人和女人配成对，叫他们自己去繁殖后代，担负养育后代的责任。人类就这样繁衍绵延下来，而且一天天地增加着[5]。

按照恩格斯的观点，创世神话应该是人类野蛮时代低级阶段的产物，也就是说，是人类在旧石器时代末期，刚刚从生物人进化为文化人的那个时代的产物。

佛教的世界观 (Buddhist Concept)

佛教则认为，人来自光音天。天分为三界（欲界、色界、无色界）。欲界有6层天，色界有四禅18层天，初禅3层天，二禅3层天，三禅3层天，四禅9层天，无色界有4层天，总共有28层天。光音天是色界二禅的第三层天。世界有（成、住、坏、空）四个阶段，每个阶段为一中劫，由"成"至"空"四个中

---

5 薛平.伊甸园神话揭秘,扬州大学学报.人文社会科学版,1997.6

劫合为一大劫。当世界到了坏劫的末期,有大火灾烧毁了地狱、地球和其他星球世界及欲界诸天;烧到色界的初禅天之前,下届的天人、菩萨、圣贤与修行成正果的众生,性灵自然得救,早已移到光音天上升起金色大祥云,下起了甘露豪雨,大雨消退以后,又出现初禅以下的许多层天。洪水留在太空的物质,经过大旋转,逐渐凝固,再出现太空中许许多多大大小小圆形或椭圆形的星球,包括我们这个地球,以及绕地球旋转的月亮,乃至最远最下地狱以上的一切世界;因大热能的旋转集中,形成了许多太阳,就是天文学家所说的恒星、行星、卫星。有了太阳,因每个星球循太阳系各有它的运行轨道,行星绕着恒星旋转,卫星又绕着行星旋转,公转、自传而分昼夜,因此日月周年四季,就延续了下来。但天上与他方星球世界的时间,与我们这个星球的时间是不相同的。

地球初成时,地壳是湿润的,地面呈现一片乳色,从天上看来,地球光亮无比,很远的地方都可以看到。光音天上的男女天神,有享尽了天福而性情轻躁的,觉得稀奇,试图探险,于是用他们的神足飞行,先后来到地球,散布到各洲,贪食了地上的甘泉,渐渐身体粗重下沉,形成了物质的骨肉躯体,失去神足和飞翼,再也回不到天上了。成了人身后就渐渐失去本有的天色妙香,忘记了宿世,也灵感不到别人的思想,只有试着通过语言来交流。于是散布在不同地区的人形成数千种不同的语言,在不同的自然环境下成长,又形成了肤色各异的群体。人只有在世间多行善业,修学菩萨大愿,修行成佛;或广行菩萨利人济世的大行,在生死六道轮回中,把握身身世世不失人生,到另一轮世界末日,性灵得救,升到光音天上,享受天福[6]。

辩证思考 (Dialectical Thinking)

无论是基督教、伊斯兰教,还是古希腊神话、埃及神话、印度神话抑或是中国的神话,都用幻想的方式来解释天地宇宙的产生,原始、质朴、怪诞是其共同风格,神奇、丰富、惊人是其相似意蕴,这是原始初民共同心理特征的反映,也是人类认识和征服客观世界的愿望之体现。不同的民族有不同的神话传说,从一定程度上说明了其虚幻性。创世神话是原始人类对宇宙和生命起源的一种原初而朴素的认识,黑格尔曾描述过这种认识的特点:"古人在创造神话的时代,生活在诗的气氛里。他们不用抽象演绎的方式,而用凭想象制造形象的方式,把他们最内在最深刻的内心生活转变成认识的对象。[7]"费尔巴哈指出:"宗教中关于上帝的一切属性和本质都是人类把自己的属性和本质异化的结果,不是上帝创造人,而是人按照自己的形象创造了

---

6 http://wenku.baidu.com/view/1f19be245901020207409ce4.html

7 陈钦庄.et al 基督教简史, p, 8

上帝[8]。不是神创造人，而是人按自己的想象和需要创造了神。但是，不同地区，不同民族都有着有关神创造世界的说法，尽管认识的角度与说法有很大差异，却又共同的指向了"神"。

佛教的世界观也带有一定的神话色彩，却从很大程度上与科学研究的世界形成理论有共通之处。佛教中没有说世界是由神造的，人也并非是神造的，佛也只是人经过修炼而成的。宇宙是一个无限的空间，万物都在循环之中，是无始无终的。佛教中所说的劫难，与科学家所推演的宇宙大爆炸，然后逐渐形成地球及其他星球的说法也有一定重合之处。从光音天来的人在地球上的生活发展过程与达尔文的进化论也有一定的相似之处，所不同的是，进化论认为人是自然界的物质通过亿万年的演变从植物到动物，从低级到高级进化而来的。我们知道，进化论有关世界和人类起源的观点也还有许多无法用科学论证之处存在，也还有待进一步论证。

埃里希·冯·丹尼肯，欧洲最负盛名的古代文明研究者，外太空智能生命探索世界权威，NBC、ABC、BBC文献片和纪录片王牌制片人。他对于外星人曾在远古时代光临过地球的理论深信不疑。丹尼肯开始从现代科学的角度去解读古代文献记载和神话传说，随着研究的步步深入，越来越多不可思议的科学文化考古发现进入了他的研究视野，问题由猜测和假说阶段进入到了实证和归纳阶段。他认为，最大的问题已经不是外星人和外星文明的有无问题，而是外星人和外星文明到底是如何影响人类文明的最初发展以及未来走向的。那么，各民族中的神话传说完全是人们想象的结果，还是就是外星人留下的某些迹象呢？

总之，真相只有一个，它就像一个装满了各种各样东西的巨大容器被打破成了碎片，里面的内容也四散开去。人们则根据他们所看到的部分碎片或部分内容而根据他们的需要和愿望去推理、构想，从而产生了不同宗教和不同民族中关于世界和人类的起源的种种说法。究竟《圣经》中的说法是否可信，我们不仅需运用先进的科学技术和开阔的辨证思维去不断的探索和发现，还需要一种灵性的感悟去慢慢的揭开世界之谜。

3. 比较《圣经》中的"神"与老子的"道"(Comparison between God in the Bible and Dao in Dao De Jing)

"神"是基督教中的一个核心概念，创世纪开篇就是："起初神创造天地，地是空虚混沌。渊面黑暗。神的灵运行在水面上。神说，要有光，就有了光。"约翰福音的开篇是："*In the beginning was the Word, and*

8 薛平. 伊甸园神话揭秘. 扬州大学学报. 人文社会科学版,1997.6

*the Word was with God, and the Word was God. the same was in the beginning with God. All things were made by him; and without him was not any thing made that was made."*翻译过来就是："太初有道，道与神同在，道就是神。这道太初与神同在。万物是藉着他造的。凡被造的，没有一样不是藉着他造的。"在启示录中有如下描述："*I am Alpha and Omega, the beginning and the ending, saith the Lord, which is, and which was, and which is to come, the Almighty.*"译文如下："主神说，我是阿拉法，我是俄梅戛（阿拉法俄梅戛乃希腊字母首末二字），是昔在今在以后永在的全能者。"

从这几段经文中可以看出，根据《圣经》，神是自有永有的，万物是神造的。word一词，在英语中有"话"、"单词"、"言辞"、"消息"、"诺言"、"命令"等各种意思，大写Word专指基督教的福音。在这里中国人把它翻译成"道"，并且经文说"道就是神"。那么这个"道"与中国道家学说开山太祖老子所说的"道"是不是一样的呢？

《道德经》开篇是这样说的：

"道可道，非常道；名可名，非常名。

意思是：道，能够表达出来的，就不是永恒不变的道，名，可以叫得出的，就不是永恒不变的名。可见，老子认为，道，是看不见、摸不着、说不清、写不明的，任何概念无法界定的，而且是永恒不变的自然法则。

第二十五章是如此论述的：

有物混成，先天地生。寂兮寥兮，独立而不改，周行而不殆，可以为天下母。吾不知其名，强字之曰道，强为之名曰大。大曰逝，逝曰远，远曰反。故道大，天大，地大，人亦大。域中有四大，而人居其一焉。人法地，地法天，天法道，道法自然。

意思是：有一个混然一体的东西，在天地出现之前就存在了。既无声又无形，它独立长存而永恒不变，循环运行而不止息，可以说他是天下万物的根源。我不知道它的名字，只好叫它"道"，再勉强命名为"大"。它广大无际而又循环往复，它离开出发点而远行，运行到极点则又返回本源。所以，"道"是大的，天是大的，地是大的，人也是大的。宇宙中有四种大，而人是其中之一。人遵循地的规律，地遵循天的规律，天遵循道的规律，道遵循自己的规律——自然。

第四十二章有：

道生一，一生二，二生三，三生万物。万物负阴而抱阳，冲气以为和。

意思是：道是独一无二的，道本身包含阴阳二气，阴阳二气相交而形成一种适匀的状态，万物在这种状态中产生。万物背阴而向阳，并且在阴阳二气的互相激荡而成新的和谐体。

从上述引文可以看出，《圣经》中的"道"(Word)，和老子认识的"道"有很大的相同之处，但也有差异。相同之处在于，两者都认可"道"是先天而存在的，是自有永有的，是万事万物之根源。不同之处在于：《圣经》中的"道"被具象化了，说，"道与神同在，道即是神"。神又被描述成一个有情有义有意识的万能着，神创造万物，有他的目的性，而且万物都按照他的意志运行。而老子所认识的"道"，则是一种周而复始，循环往复，运行不止的自然规律，或者说是宇宙规律。万事万物的生成，只是道运行的自然结果，不具目的性。道是没有情感喜好的，人只有遵循这个规律行事，就无往不利。这从《道德经》第五章中可以看出：

天地不仁，以万物为刍狗；圣人不仁，以百姓为刍狗。天地之间，其犹橐(tuó)籥(yuè)乎？虚而不屈，动而俞出。多言数穷，不如守中。

意思是：天地是无所谓仁慈偏爱的，它对待万物就像对待祭品一样平等；圣人也是无所谓仁慈偏爱的，他对待百姓也像对待祭品一样，任凭百姓自作自息。天地之间，不正像一个大风箱吗？静止的时候，它只是一个空虚的世界，一旦运动起来，就会运转不息，永远不会枯竭。政令频出使国家迅速穷困甚至灭亡，不如守"无为"之道来治理国家。这里的"无为"并非是"无所作为"的意思，而是要顺应自然规律，不要刻意去改变，强求。

道家的"道"否定了神的存在，而《圣经》中的神(God)则是与"道"同在的，神即是道。也就是说，神就是道的灵，道的规律。所以按照神的意旨行事，也就是把握了道的规律。老子说，"道"是说不清，道不明的。既然如此，哪有如何把握道的规律呢？那就是一切顺其自然，要靠人们自己去体会、观察、思考和探索，其过程是漫长的，还会犯许多的错误。《圣经》中的神又如何彰显他的意旨呢？为了让人类更容易得明白他的意旨，他就要借助人来彰显。所以，他与亚伯拉罕立约，拣选了以色列民族，通过实现他的诺言让人信服他是至高无上的神，然后又让他的灵道成肉身，那就是童女所生的耶稣，直接向人传道。然而，当时当权者的人的虚伪、贪婪、自私和骄傲蒙蔽了他们的眼睛，竟把耶稣送上了十字架。

耶稣可以不死吗？作为人的我们无法知道，或许，在人世间，他的肉身最终是不可避免要退化的，因为他毕竟也是肉身，如果他不被送上十字架，也许他能比常人活得更久，数百年，甚至千年。然而，他本不是属世间的，他是神灵道成的肉身，它的最终归宿应该是天堂。他当时可从十字架上走下来吗？如果需要他是可以的，但是他那时必须死去。为什么他要在那时死去，而且会以哪种方式死去，那是要应验神通过旧约中的先知所说的话，让他死后复活。这样，他就流尽了人肉体的血，带着属灵的肉身，回归了天上而永生了。在他死后复活在人世间存在的四十天中，不知道他的身上是否还有血，或许没有，如果有，那就是仅靠死后身上残留的血维持了在人间的四十天，完成了他在人间最后的使命。

尽管老子的"道"否定了神的存在，与《圣经》中的Word有着根本的区别，但是在论述要遵循规律，以及如何为人处世方面二者却有着大量的相似之处。

4. 相关文艺创作 (Literary Creation Related)

《圣经旧约》（创世记）部分讲述了天地万物的来历。该部分经文在数千年来被人们引用、考证、研究，也引发了许多创作灵感。《创世记》也有写作《创世纪》的。《创世纪》也是纳西族原始神话中最出名的部分，只是与圣经中的故事有所不同。这个神话共有二十个章节：茫茫远古，初辟天地，野牛撞天，开辟天地，人类诞生，触怒天神，洪水滔天，利恩余生，初遇白鹤，东神造人，白鹤仙女，天上险境，十度交锋，天地美缘，天神诅咒，迁徙人间，击败凶神，定居创业，遣使探秘，山高水长。开天辟地，不是一个盘古，而是开天九兄弟，辟地七姊妹。有意思的是九兄弟和七姊妹并不是天生万能：开出的天是倒挂的，象要塌下来，辟出的地，凸凹不平整，好像要陷裂。只是他们并不灰心，重新用五根柱子撑起天，铺平地。又如洪水滔天，只剩下纳西族祖先从忍利恩子然一身，藏身于牦牛皮革囊，用九条铁链子，三头拴在柏树上，三头拴在杉树上，三头拴在岩石上，才得以死里逃生。本书谱写了一曲纳西祖先的颂歌，表述了古纳西人对于世界万物和人类起源、变化的朴素认识，突出了贬神褒人的思想，展示出纳西先民艰苦卓绝创世立业的历程。讴歌了他们征服自然、抗击暴力的英勇斗争精神，讴歌了人民的劳动和爱情、智慧和力量，表达了纳西人憧憬幸福、追求光明、期望民族繁荣昌盛的思想。

1999年，由戚其义执导，罗嘉良、陈慧珊等主演的香港都市商战电视连续剧《创世纪1 地产风云》开播。《创世纪》以香港过去三十年地产界风云变幻为背景，描述一段跨越两代的恩仇。三个男人叶荣添、马志强、许文彪命运偶然的纠缠交错，最后却一起堕进仇恨爱欲的深渊。

叶孝勤、叶孝礼两兄弟自大陆偷渡来港，决心在地产建筑业发展。二人勤奋好学、从低做起，适逢一宗烂尾工程，自组小型建筑公司。而勤妻亦在此时诞下第一个儿子叶荣添。二人生意越做越顺，可是当有利益关系时，冲突便随之而来。礼不甘心只当小承建商，狠下决心，设计将勤逐出股权，自己则继续壮大，终成为一代地产界巨子。勤被亲弟出卖，受到严重打击，无心再恋战，令家道中落。到叶荣添这一代继续上一辈的恩怨情仇。2000年又播出《创世纪第二部天地有情》。

后来，这部电视连续剧又被改编成一个游戏：创世纪企业王国。这是一款摸拟商业经营游戏，代入剧中角色，逆天改命，再创世纪。

张爱玲小说《创世纪》讲述了民国时期三代人不同的故事。

1971年，哈斯出版第一本摄影集《创世纪》，他把自然界的雨雪电雾等现象拍摄成宇宙航拍的样子，奇幻震撼而富有艺术表现力，给人留下深刻印象。其发行量达到30万册，创美国画册销售最高水平。1985年，摄影组织家协会向他颁发了"创造性成就"奖状。1986年，他相继获得了瑞典哈苏公司授予的金牌奖、德国莱卡相机厂的"最高成就"奖章和"摄影大师"称号。

2004年江苏人民出版社出版了由冯象编写的《创世记》图书，副标题为"传说与译注"。本书是作者在译注《圣经旧约/摩西五经》时，利用所谓的"下脚料"写就的。上编20篇，讲了《创世记》中的20个故事。比如：上帝创造天地、亚当和夏娃、该隐杀弟、挪亚方舟、亚伯拉罕、犹大等等的故事。

第三章 伊甸园

The Eden (GENESIS 2) (Another Account of the Creation)

2 Thus the heavens and the earth were completed in all their vast **array.**

² By the seventh day God had finished the work he had been doing; so on the seventh day he rested from all his work. ³ Then God blessed the seventh day and made it holy, because on it he rested from all the work of creating that he had done.

Adam and Eve

⁴ This is the account of the heavens and the earth when they were created, when the LORD God made the earth and the heavens.

⁵ Now no shrub had yet appeared on the earth and no plant had yet **sprung up**, for the LORD God had not sent rain on the earth and there was no one to work the ground, ⁶ but streams came up from the earth and watered the whole surface of the ground.⁷ Then the LORD God formed a man from the dust of the ground and breathed into his nostrils the breath of life, and the man became a living being.

⁸ Now the LORD God had planted a garden in the east, in Eden; and there he put the man he had formed. ⁹ The LORD God made all kinds of trees grow out of the ground – trees that

were pleasing to the eye and good for food. In the middle of the garden were the tree of life and the tree of the knowledge of good and evil.

10 A river watering the garden flowed from Eden; from there it was separated into four **headwaters**. 11 The name of the first is the Pishon; it winds through the entire land of Havilah, where there is gold. 12 (The gold of that land is good; **aromatic resin** and **onyx** are also there.) 13 The name of the second river is the Gihon; it winds through the entire land of Cush. 14 The name of the third river is the Tigris; it runs along the east side of Ashur. And the fourth river is the Euphrates.

15 The LORD God took the man and put him in the Garden of Eden to work it and take care of it. 16 And the LORD God commanded the man, 'You are free to eat from any tree in the garden; 17 but you must not eat from the tree of the knowledge of good and evil, for when you eat from it you will certainly die.'

18 The LORD God said, 'It is not good for the man to be alone. I will make a helper suitable for him.'

19 Now the LORD God had formed out of the ground all the wild animals and all the birds in the sky. He brought them to the man to see what he would name them; and whatever the man called each living creature, that was its name. 20 So the man gave names to all the livestock, the birds in the sky and all the wild animals. But for Adam no suitable helper was found. 21 So the LORD God caused the man to fall into a deep sleep; and while he was sleeping, he took one of the man's ribs and then closed up the place with flesh. 22 Then the LORD God made a woman from the rib he had taken out of the man, and he brought her to the man.

23 The man said,

'This is now bone of my bones
and flesh of my flesh;
she shall be called "woman",
for she was taken out of man.'

²⁴ That is why a man leaves his father and mother and is united to his wife, and they become one flesh.

²⁵ Adam and his wife were both naked, and they felt no shame.

伊甸园 (创世记 2)

2 天地万物都造齐了。

2. 到第七日，神造物的工作已经完毕，就在第七日停下了一切工作，安息了。3.神赐福给第七日，定为圣日，因为在这日神停止了他一切创造的工作，安息了。

亚当与夏娃

4. 创造天地的来历:
在耶和华神造天地的日子，乃是这样，5.野地还没有草木，田间的菜蔬还没有长起来，因为耶和华神还没有让天下雨滋润土地，也没有人耕地。6. 但有一条河流从地下涌出，为整个地面供水。7. 然后耶和华神用地上的尘土造人，把生命之气吹入他鼻孔里，他就成了有灵的活人，名叫亚当。

8. 耶和华神在东方的伊甸建了一个园子，把所造的人安置在那里。9. 耶和华神使地里长出各种各样的树，可以悦人的眼目，树上的果子好作食物。伊甸园之中还有生命树和善恶智慧之树。

10. 有河从伊甸流出来，滋润那园子，从那里又分为四道支流。11. 第一道名叫比逊，就是环绕哈腓拉全地的。在那里有金子，12. 并且那地方的金子质量很好; 那里还有珍珠和红玛瑙。13. 第二道河名叫基训，就是环绕整个古实地区的那条河。14. 第三道河名叫西底结，向亚述的东边流去。第四道河就是幼发拉底河。

15. 耶和华神把那人带来，安置在伊甸园，让他耕种看管这园子。16. 耶和华神吩咐他说:"你可以随意吃园中各种树上的果子; 17. 但是你不能吃善恶智慧树上的果子，因为你吃的当天就会死去。

18. 耶和华神说:"那人独居不好，我要为他造一个配偶帮助他。"

19. 耶和华神用土造成田野里各种各样的走兽和空中的各种各样的飞鸟，并把它们带到那人面前，看他怎么叫它们。无论那人怎样称呼每种动物，都成了那种动物的名字。

20. 那人便给一切牲畜和空中飞鸟，野地走兽都起了名。只是那人没有找到一个可以帮助他的做他的配偶。21. 因此，耶和华神使他沉睡，他就睡了。然后取下他的一条肋骨，又用肉把那地方合起来。22. 耶和华神就用那人身上所取的肋骨，造成一个女人，领她到那人跟前。

23. 那人说：

"这是我骨中的骨，

肉中的肉，

可以称她为女人，

因为她是从男人身上取出来的。"

24. 因此，人要离开父母与妻子连合，二人成为一体。

25. 当时夫妻二人赤身露体，并不羞耻。

鉴析篇 (Appreciation and Analysis)

I. 语言点拨 (Vocabulary)

array *n*　1. an orderly arrangement, 整齐的排列: *There is a vast array of bottles of differentshapes and sizes on the table.* 桌子上摆着一大批形状大小不一的瓶子。

2. an impressive display, 引人注目的摆设: *People are dazzled by the endless array of beautiful exhibits.* 展品琳琅满目, 让人目不暇接。

3. especially fine or decorative clothing, 特别漂亮, 绚丽的衣服: *On Sundays, the ladies put on their finest arrays.* 星期天, 女士们穿上他们最美的衣服。

spring *verb (pt* **sprang,** *ppt* **sprung)**

1. produce or disclose suddenly or unexpectedly (**spring up**) 突然出现: *Mushrooms sprang up on the forest ground after the rain.* 雨后森林的地上迅速长出许多蘑菇。

2. start to be active suddenly; 立即变得活跃: *When she contacted me at the beginning of August to enlist support, Sharon and I sprang into action.* 她8 月初和我联系请求帮助时, 我和沙伦便立即行动起来了。

3. (**spring from**), result from 源自*His anger sprang from his suffering at the loss of the most important love he had ever known in his life.* 失去一生中的至爱让他悲痛不已, 愤怒涌上他的心头。

4. announce something unexpectedly; 意外地, 突然地宣布某个消息; *The two superpower leaders sprang a surprise at a ceremony in the White House yesterday*

by signing a trade deal. 两个超级大国的领导人昨天在白宫的一个仪式上突然签署了一项贸易协定, 令人倍感意外。

5. jump upward or forward suddenly or quickly; 突然跳起或向前跳: *He sprang to his feet, grabbing his keys off the coffee table.* 他一跃而起, 从茶几上一把抓起自己的钥匙。

n 1. the first season of a year, season of growth; 春天: *Yellow is the predominant colour this spring in the fashion world.* 黄色是今春时装界的流行颜色。

2. a natural flow of ground water; 泉水: *There are many hot springs in that area which attract lots of tourists.* 那个地区与许多温泉, 吸引了众多游客。

3. a metal elastic device that returns to its shape or position when pushed or pulled or pressed; 弹簧; 发条: *Unfortunately, as a standard mattress wears, the springs soften and so do not support your spine.* 遗憾的是, 当一张标准床垫用旧后, 弹簧就会变软而无法支撑你的脊椎。

headwater *n* the upper tributaries of a river; 河流上游源头: *For controlling source pollution from the sources, sloping land management in the headwater regions is necessary.* 为了从源头上控制农业面源污染, 必须根据土壤生物热力学原理, 以土壤为中心, 大力治理坡地。

aromatic *adj* fragrant 芳香的: *The flower has an agreeable aromatic smell.* 这花有着好闻的香味。*Humic acids are usually regarded as polymers of aromatic compounds.* 腐殖酸通常被看作是芳烃化合物的聚合物。

resin *n* a sticky substance that is produced by some trees; 树脂: *The resin from which the oil is extracted comes from a small, tough tree.* 用于提取这种油的树脂取自于一种矮小坚韧的树。

onyx *n* a kind of precious stone, red agate 一种珍贵的石头, 红玛瑙。

2. 追根溯源 (Where is Eden? How about the Four Rivers?---Seeking Truth)

真的有伊甸园吗? 如果有, 它在哪里? 哪四条河呢?

根据《圣经》, 从伊甸园流出的四条支流分别是幼发拉底河、底格里斯河、基训河和比逊河。如今只有幼发拉底河和底格里斯河还为人所知, 底格里斯河在5000年前与幼发拉底河是两条分开的河。直到约三、四千年前, 由于底格里斯河从两河流域带来的泥沙不断在河口的波斯湾沉积, 填出土地来, 最后使两河下游在伊拉克南部汇合在一起。两河均发源于亚美尼亚高原。幼发拉底河经土耳其、叙利亚进入伊拉克, 全长2750公里; 底格里斯河经土耳其进入伊拉克, 全长1950公里。两河流域面积共104.8万平方公里。两河在古尔奈汇合后称阿拉伯河, 长近200公里, 河口宽约800米, 上半段在伊拉克境内, 下半段为伊拉克和伊朗界河。两河中下游河水是美索不达米亚平原的灌溉水源, 航运价值主要在底格里斯河。海轮可通航到阿拉伯河畔巴土拉的港口[9]。

比逊河和基训河在何处, 长期以来人们一直无法确定。

美国密苏里大学的扎林斯教授经长期的考证, 认为基训河就是现在发源于伊朗、最终注入波斯湾的库伦河; 比逊河位于沙特阿拉伯境内, 由于地理气候的变迁, 那里现在已成为浩瀚沙漠中一条干涸的河床。扎林斯据此推断, 伊甸园就位于波斯湾地区四条河流的交汇处, 大约7000年前, 在最后一次冰川纪后, 由于冰川融化致使海面升高, 关于伊甸园的推测还有不少, 有人说伊甸园在以色列, 有人说在埃及, 有人说在土耳其, 还有人说在非洲、南美、印度洋甚至中国四川盆地、西藏等地。如果真有所谓伊甸园, 扎林斯之说应最符合逻辑, 也最为接近《圣经》中对伊甸园地理环境的描绘。被古希腊人称为"美索不达米亚"的两河流域, 是人类早期文明的发祥地。古时, 幼发拉底河和底格里斯河浩浩淼淼, 从西北蜿蜒到东南, 沿途浇灌着沃野良田, 撒播着丰收和希望。是最早宜于人类生息的地方。

考古学家还发现, 苏美尔 (今伊拉克境内的上古居民) 神话与相当于古犹太人史书的《圣经》故事颇有渊源, 它们的造物神话都说人类是用黏土捏成的。楔形文字中也有"伊甸"和"亚当"等词, 前者的意思是"未经耕耘的土地", 后者意为"原野上的居住者"。苏美尔神话中也有一片光明的净土, 在这个没有疾病和死亡的乐园, 水神恩奇与地母女神宁胡尔萨格相爱, 过着幸福美满的生活。后来, 地母女神造出了8种珍贵的植物, 却被恩奇偷吃了。宁胡尔萨格一气之下同丈夫分道扬镳。恩奇身体的8个部位患病, 宁胡尔

9 http://baike.baidu.com/view/40593.htm

萨格终不忍见死不救, 便造出8位痊愈女神为丈夫疗伤, 其中有一个名叫"宁梯"的肋骨女神, 又称"生命女神"。而众所周知,《圣经》中夏娃就是上帝用亚当身上的一根肋骨造的, 夏娃也是人类之母, 与"生命女神"有着异曲同工之处[10]。

3. 男尊女卑的根源 (The Root of Female Subordination)

男尊女卑的思想观念自古以来就存在, 在西方的意识形态里,《圣经》中关于上帝造人的意图与过程则是男尊女卑思想的根源所在。首先, 从上帝造人的过程和方法中可以体现。上帝首先是用泥土造了男人, 然后, 用男人身上的一条肋骨造成了女人, 所以, 女人生来就是从属于男人的, 是男人的附属。其次, 从造男人和女人的目的来说, 上帝造男人是为了替他修理看守伊甸园, 而造女人的目的是为了排解男人的孤独和寂寞, 帮助男人, 这也体现了男性为主, 女性为辅的男权主义。因此, 有人认为, 基督教在男女关系的问题上是矛盾的, 它既宣称上帝面前人人平等, 却又认为女性是低于男性、从属于男性的。

关于男女关系的说明, 在圣经中其他章节也有体现。如:"你们作妻子的, 当顺服自己的丈夫, 如同顺服主。因为丈夫是妻子的头, 如同基督是教会的头。他又是教会全体的救主。教会怎样顺服基督, 妻子也要怎样凡事顺服丈夫。你们作丈夫的, 要爱你们的妻子, 正如基督爱教会, 为教会舍己。要用水藉着道, 把教会洗净, 成为圣洁, 可以献给自己, 作个荣耀的教会, 毫无玷污皱纹等类的病, 乃是圣洁没有瑕疵的。丈夫也当照样爱妻子, 如同爱自己的身子。爱妻子, 便是爱自己了。从来没有人恨恶自己的身子, 总是保养顾惜, 正像基督待教会一样。因我们是他身上的肢体。为这个缘故, 人要离开父母, 与妻子连合, 二人成为一体。这是极大的奥秘, 但我是指着基督和教会说的。然而你们各人都当爱妻子, 如同爱自己一样。妻子也当敬重她的丈夫"[11]。在这一段经文里, 一方面, 把男女的关系和基督徒和基督教会的关系进行了类比, 体现了信仰与其组织形式之间的关系。另一方面, 仍然凸显了夫妻关系中, 男性为主导, 而女性必须顺从男性, 男性需要尊重, 女性需要爱护的观念。由此, 我们就更能理解为什么英语中男人的单词是"man", 女人是"woman"。作为西方文明之基石的《圣经》中这种男尊女卑的思想, 成了西方社会女性受到歧视的理论根源。但是,《圣经》中并没有鼓励人们歧视或者虐待女性, 相反, 他要求夫妻女敬男爱, 彼此忠诚。

---

10 http://baike.baidu.com/view/51985.htm

11 以弗所书, 5:22-33

　　男尊女卑的现象不仅仅在西方文化中根深蒂固，在古代中国儒家思想中同样如此。中国古代文化宗师孔子就提出"亲亲、尊尊、长长、男女有别"。这里的男女有别不仅仅指男女授受不亲，更重要的是强调男主女辅的关系。孟子提出的"五伦"中又更进一步提出"夫妇有别"，强调夫妇有内外的分别，男主外，女主内。他还认为"往之女家，必敬必戒，无违夫子"，"以顺为正者，妻妾之道也"，可见孟子也是主张男尊女卑的。汉代大儒董仲舒提出的"三纲五常"中，就有"夫为妻纲"，要求为妻的必须服从丈夫。宋代的程朱理学提出的妇女应该遵循的"三从四德"则把男尊女卑的思想发展到了极致，成为广大妇女沉重的精神枷锁。要求女性"未婚从父，婚后从夫，夫死从子"，女子必须从一而终，保持贞洁，所以有"饿死事小失节事大"的说法。

　　印度的男尊女卑现象直到现在都是比较严重的。2012年12月16日，一名印度女大学生在首都新德里夜晚搭乘公交车回家时遭到轮奸和殴打，并被扔下车，生命垂危。12月29日，她在新加坡的医院中永远地离开这个世界。这起极为恶劣的强奸案引发了印度全社会广泛的抗议，甚至导致社会骚动。一波未平一波又起，据《印度时报》报道，印度警方表示，印度中央邦2013年3月15日晚又发生一起比较严重的轮奸案，一名瑞士女子与其丈夫在骑自行车途中宿营时遭遇歹徒。8名歹徒在其丈夫面前对这名妇女进行了轮奸，并抢走随身的财物后逃跑。印度国立犯罪研究局最新公布的统计数字显示，印度每3分钟就发生一起针对女性的暴力犯罪，每29分钟就发生一起强奸案。首都新德里更是以高发案率被冠以"强奸之都"的耻辱称号。

　　印度强奸案件的高发、频发有其法律、经济、社会各方面的原因。但其中一个最重要的原因就是印度女性极端低下的社会地位。男尊女卑在这个国家有着极其深刻的宗教渊源。正统的印度教都认为，妇女天生比男人低劣，并且从神学的角度对此加以解释。印度教的三大教派之一的湿婆教派崇拜男性生殖力，认为"林伽"(男根，此为湿婆派崇拜的湿婆大神最基本的一个形象)代表着生命，具有创造万物的超自然神力，是宇宙之源和最高力量的象征。根据一则印度教神话，女人是湿婆采取"半女化"的方式产生的。女人在这里乃是通过男性自身的分化才出现的。自中世纪来在印度一直占主导地位的商羯罗派，也是从男性原则来解释世界,其学说中充满了对女性的贬低。在很多印度男性看来，女人是自己的"私产"，根本不应该抛头露面。所以，很多女性即便是读了大学，拿了硕士、博士学位，也还只能作为父亲或者丈夫的附属品，无法在经济上和人身上自主自由。在印度，女儿出嫁，父母往往要准备好丰厚的嫁妆给男方，可以说是不折不扣的"赔本买卖"。每年因嫁妆不足而被活活烧死的妇女成千上万。因此，许多农村地区滥杀女婴成风。在这样的背景下，印度男女比例严重失调，一些经济条件差的男性无法通过正常渠道满足生理需求，强奸率因此居高不下。还有一些印度官员甚至国会议员都有强奸女性的劣迹，被曝光后仍逍遥法外，遂使强奸风屡禁不止，甚至愈刮愈烈。

按照马克思主义的观点：物质决定意识，生产力决定经济基础，经济基础决定上层建筑。因此我们不难理解，重男是有其历史的必然性，是有其存在的合理性的。男人在社会中的中心地位和家庭中的主导地位，最根本的原因和起决定作用的是因为男人是生产力，是由其历史阶段生产力水平所决定的。轻视女人只是特殊背景下的产物。封建社会是家天下，封建王朝的统治者为了防范皇权和既得利益旁落他族，必然从其内部礼制上对其妇女百般束缚和压制，这是封建社会重男轻女观念及其压迫妇女礼教产生和存在的本源。

男尊女卑的思想和对女性的歧视，压迫了女性数千年。直至近代，随着启蒙思想的产生，科学的发展与社会的进步，民主主义思想和人权意识的提高，以及女权主义的运动的发展，才逐渐打破这一思想禁锢，女性的地位才得到逐步的提高，但仍有待改进。根据世界经济论坛在瑞士发表的2012年全球性别报告[12]，男女最为平等的国家是冰岛，其后为芬兰、挪威等北欧国家；中国排在第69名，排在最后三名的是乍得、巴基斯坦和也门。在上述强奸案频发的印度，男女不平等程度在135个国家中，名列第105名，说明还有许多国家女性的情况更糟糕。在一个健康和谐的社会里，女性不应受到歧视，必须得到应有的尊重和爱护。

然而，男人和女人在生理上和心理上都有着与生俱来的区别，女性情感的细腻和对男性的依恋是永远也无法抹去的。究竟是《圣经》或者其他宗教经典中有关女性的言说造就了女性的从属地位，还是社会现实反映在了《圣经》或其他宗教经典里呢？或许是互为因果，相互作用的吧。详细的阐述可参考相关人类学、社会学等研究成果，在此不作详述。

4. 现世反思 (Reflection in Modern Time)

或许，伊甸园唤起了人类对文明的肇始和历史的源头一丝本能的追忆，对伊甸园的寻觅，是人类对自身从何而来充满好奇心的探索，反映了人类对始祖的一种认同感和亲和力。其实有关人类的起源，直到1809年法国学者马拉出版《动物哲学》之前，主流的观点都是"创世纪"说和类似的传说。马拉首次提出"人类起源于人猿"的论断，当时引起了轰动。50年后，达尔文相

---

12 http://baike.baidu.com/view/9492677.htm#7

继创作了《物种起源》和《人类起源和性的选择》两书，更系统地诠释了人类的来源问题。

在崇尚科学的今天，人们对于人类的起源的主流思想是倾向于相信"生物进化论"而不是"创世纪"说。然而，有关伊甸园、亚当和夏娃等的话题仍频频被提起。这中间，有作为茶余饭后谈资的，也有想通过探索求证其存在的。是因为伊甸园永远逝去了，人类才痛感其弥足珍贵？还是因为当今社会的喧嚣浮躁、尔虞我诈，使人们更加怀念并憧憬伊甸园的恬静安逸和与世无争？伊甸园是一个美丽、幸福、快乐的地方，被称作乐园。现在看来，关键在于它各方面的"和谐"：

首先是上帝与人之间的和谐：人身上有上帝呼出的生命之气，有上帝之灵，有上帝的形象；上帝可以和人直接交流，亲密往来，没有隔阂。

其次是人与人的和谐：夏娃是从亚当的一片肋骨经上帝之手幻化而来，是亚当的"骨中之骨，肉中之肉"。所以，"人要离开父母与妻子连合，二人成为一体"。"当时夫妻二人赤身露体，并不羞耻"，两人是亲密无间，非常和谐的。

还有人与自然的和谐：上帝把伊甸园交给亚当来照看，除了分辨善恶树上的果子不能吃，他可以随意摘吃园中任何树上的果子。地上的动物和空中的飞鸟，都是由亚当命名的，可见人与动物和谐共处在伊甸园里。

人类从诞生到今天，斗转星移，沧海桑田，背负了过多的夙愿与恶梦，承载了无尽的苦难和心酸，无不渴望回归纯真、安宁和幸福。许多人不时回首瞩望先祖们充满诗意的乐土，对它孜孜以求地刨根问底，恰恰体现了这种渴望和希冀的情愫。

伊甸园究竟有没有，到底在哪里都不重要。重要的是，伊甸园已成为人类心灵栖息地和精神图腾的代名词，它蕴含的文化概念的外延要广阔得多。可以肯定，对伊甸园的追寻还会继续进行下去，有关伊甸园的话题也将长久地与人类如影相随，由此衍生出的人文光芒也将生生不息，灿烂而夺目。

5. 与伊甸园相关的文艺创作 (Literary Creation Related)

首先，以《伊甸园》命名的电影就有好几部。

2002年加拿大的尼尔.圣克莱尔 (Neil St. Clair) 自编自导了电影EVE，中文译为《伊甸园》，Inger Ebeltoft饰演夏娃 (EVE)，世界上第一个女人，Matt Scarborough 饰演世界上第一个男人。

地球上第一个女人，第一种欲望，第一次的爱。地球深处之内，(Inger Ebeltoft) 饰演的年轻女子从长眠中苏醒过来。她的名字就是EVE——性格清纯及天真的她，拥有令人窒息的美丽。她出生于大自然世界，被完美和谐的环境所包围著。直至一天她发现，原来她不是独自一人。旅程就此开始，欲望驱使她去寻找灵性伴侣，以及她从未认识的原素——爱。

2006年德国的迈克尔.霍夫曼（Michael Hofmann）自编自导了又一部《伊甸园》（英文片名为Eden）。

这是一部以菜肴为主线，包含了喜剧，浪漫等诸多因素的唯美类型的电影，给德国带来了巨大的影响并在荷兰鹿特丹国际电影节上获奖。故事是关于一个厨师，他有着一项高超的烹饪技能，那就是能使每个食客都对他的烹调有感觉。由于与一位年轻美丽的女侍者产生了友谊，这位美食家决定开始制作一系列的菜肴，希望以此能改变她的生活。

2007年美国的凯文.康诺利（Kevin Connolly）再次执导了一部电影，中文名被译做《伊甸园》，英文名为Gardener of Eden（直译应为《伊甸园的园丁》）。

一个被退学的笨蛋大学生，灰头土脸的回到了自己的家乡小镇。结果因为无意中救了一个当地人，使得他受到了众人的尊重。这种光荣的感觉让他不禁飘飘然起来，盘算着自己要不要背地里人为制造点混乱，然后再以英雄的面目出现力挽狂澜，这样以后又能被人们夸奖喜爱了……

2008年，由金镇万执导，韩国MBC出品的韩国电视连续剧《伊甸园之东》上映。这是一部时代剧制，通过讲述两个同年同月出生在同一家医院的两名男婴在四十年中的截然不同的命运，折射出韩国社会的更替和变迁。信任与背叛，复仇与感恩，四位主角，四个故事，交错的情感线索，复杂的人生轨迹，如果可以重新选择，四位主角将会选择怎样的人生？这部连续剧反映的社会现实是，现代人遗忘了自己的灵魂和心灵，人们用电脑等电子设备交流信息，却忘记了要用灵魂去沟通，忘记了怎样去爱，忘记了爱是这个宇宙中最核心的、最宝贵的东西，为了寻找爱，人们相互竞争，最终却忘记了爱的目的是什么，即使是在自己最亲密的人面前，也会戴着面具表演。在婚姻面前，虽然曾经彼此盟誓，将守候此生，而当遭遇考验时，却发现誓言变得那么脆弱，不敢去承受责任面对伤痛。它呼唤人们：重新找回失去的灵魂和心灵吧，不要等到生命的结局时才明白爱的真谛。

2010年中国则出版了作家灵希的爱情小说《伊甸园》。

另外，还有海明威的文集《伊甸园》。美国青年作家戴维在20年代中和妻子凯瑟琳从巴黎到法国南部地中海海滨度蜜月，沉醉在浪漫的性爱生活中。戴维想继续写作，妻子却只想及时行乐，找发型师把头发铰短，甚至在结识外国姑娘玛丽塔后，怂恿丈夫爱她，三人投入了危险的性爱游戏中。但"好景"不长, 因玛丽塔支持戴维写作, 凯瑟琳由妒生恨, 把他的手稿付之一炬后留信出走。戴维在玛丽塔的呵护下, 文思泉涌, 把最喜爱的一个短篇一字不错地重写出来, 又回到了"伊甸园"中。这是海明威1961年自杀后出版的遗作, 虽然写于晚年身体日渐衰退的时期, 但全书焕发着如火如荼的生命力与爱情, 是一部难得的青春小说。

　　与伊甸园相关的文学艺术创作多得不计其数, 那是因为追求爱, 探索生命的意义与真谛是人类永恒的主题。

上帝创世

第四章 失乐园

The Fall of Man (GENESIS 3)
The fall

3 Now the snake was more **crafty** than any of the wild animals the LORD God had made. He said to the woman, 'Did God really say, "You must not eat from any tree in the garden"?' ² The woman said to the snake, 'We may eat fruit from the trees in the garden, ³ but God did say, "You must not eat fruit from the tree that is in the middle of the garden, and you must not touch it, or you will die."' ⁴ 'You will not certainly die,' the snake said to the woman. ⁵ 'For God knows that when you eat from it your eyes will be opened, and you will be like God, knowing good and evil.' ⁶ When the woman saw that the fruit of the tree was good for food and pleasing to the eye, and also desirable for gaining wisdom, she took some and ate it. She also gave some to her husband, who was with her, and he ate it. ⁷ Then the eyes of both of them were opened, and they realised that they were naked; so they sewed fig leaves together and made coverings for themselves. ⁸ Then the man and his wife heard the sound of the LORD God as he was walking in the garden in the cool of the day, and they hid from the LORD God among the trees of the garden. ⁹ But the LORD God called to the man, 'Where are you?'

¹⁰ He answered, 'I heard you in the garden, and I was afraid because I was naked; so I hid.'

¹¹ And he said, 'Who told you that you were naked? Have you eaten from the tree from which I commanded you not to eat?'

¹² The man said, 'The woman you put here with me – she gave me some fruit from the tree, and I ate it.'

¹³ Then the LORD God said to the woman, 'What is this you have done?'

The woman said, 'The snake **deceived** me, and I ate.'

¹⁴ So the LORD God said to the snake, 'Because you have done this,

'Cursed are you above all livestock
and all wild animals!
You will crawl on your belly
and you will eat dust
all the days of your life.

¹⁵ And I will put **enmity**
between you and the woman,
and between your **offspring** and hers;
he will crush your head,
and you will strike his heel.'

¹⁶ To the woman he said,

'I will make your pains in childbearing very severe;
with painful labour you will give birth to children.
Your desire will be for your husband,
and he will rule over you.'

¹⁷ To Adam he said, 'Because you listened to your wife and ate fruit from the tree about which I commanded you, "You must not eat from it,"

'Cursed is the ground because of you;
through painful toil you will eat food from it
all the days of your life.

¹⁸ It will produce thorns and **thistles** for you,
and you will eat the plants of the field.

¹⁹ By the sweat of your brow
    you will eat your food
    until you return to the ground,
    since from it you were taken;
    for dust you are
    and to dust you will return.'

²⁰ Adam named his wife Eve, because she would become the mother of all the living.

²¹ The LORD God made garments of skin for Adam and his wife and clothed them. ²² And the LORD God said, 'The man has now become like one of us, knowing good and evil. He must not be allowed to reach out his hand and take also from the tree of life and eat, and live for ever.' ²³ So the LORD God **banished** him from the Garden of Eden to work the ground from which he had been taken. ²⁴ After he drove the man out, he placed on the east side of the Garden of Eden **cherubim** and a flaming sword flashing back and forth to guard the way to the tree of life.

人的堕落 (创世记 3)
人类犯罪

3 耶和华神所造的, 惟有蛇比田野一切的活物更狡猾。蛇对女人说: "神说过, 你们不能吃园中所有树上的果子吗?"

2. 女人对蛇说, 园中树上的果子, 我们可以吃, 3. 惟有园当中那棵树上的果子, 神曾说: "你们不可吃, 也不可摸, 免得你们死。"

4. 蛇对女人说: "你们不一定死, 。" 5. "因为神知道, 你们吃的日子眼睛就明亮了, 你们便如神能知道善恶。"

6. 于是, 这女人见那棵树的果子好作食物, 又好看, 而且能使人有智慧, 令人渴望, 就摘下果子来吃了。又把果子递给和她在一起的丈夫, 她丈夫也吃了。7. 他们二人的慧眼就都被打开了, 才知道自己是赤身露体, 便拿无花果树的叶子, 为自己编作裙子。

8. 天起了凉风, 耶和华神在园中行走。那人和他妻子听见神的声音, 就藏在园里的树木中, 躲避耶和华神的面。9.耶和华神呼唤那人, 对他说:"你在哪里?"

10. 他说, 我在园中听见你的声音, 我就害怕。因为我赤身露体, 我便藏了。

11. 耶和华说:"谁告诉你赤身露体呢, 莫非你吃了我吩咐你不可吃的那树上的果子吗?"

12. 那人说, 你所赐给我, 与我同居的女人, 她把那树上的果子给我, 我就吃了。

13. 耶和华神对女人说:"你做的什么事呢?"
    女人说:"那蛇引诱我, 我就吃了。"

14. 耶和华神对蛇说:"你既做了这事,
    "就必受咒诅,
    比一切的牲畜野兽更甚!
    你必用肚子行走,
    终身吃土。

15. "我还要让你和女人彼此为仇。
    你的后裔和女人的后裔也彼此为仇。
    女人的后裔要伤你的头, 你要伤他的脚跟。"

16. 又对女人说:
    "我会大大增加你怀胎的痛苦,
    你生产儿女必多受苦楚。
    你必恋慕你丈夫,
    你丈夫必管辖你。

17. 又对亚当说, 你既听从妻子的话, 吃了我所吩咐你不可吃的那树上的果子,
    "地必为你的缘故受到诅咒;
    你必终身劳苦,
    才能从地里得吃的。

18. 地必给你长出荆棘和蒺藜来,
    你也要吃田间的菜蔬。

19. 你必汗流满面才得糊口,
    直到你归了土,
    因为你是从土而生的。
    你本是尘土,
    仍要归于尘土。"

20. 亚当给他妻子起名叫夏娃, 因为她是众生之母。

21. 耶和华神为亚当和他妻子用皮子作衣服给他们穿。22. 耶和华神说: "看, 那人已经与我们相似, 能知道善恶。现在恐怕他伸手又摘生命树的果子吃, 就永远活着。"23. 耶和华神便打发他出伊甸园去, 耕种土地, 他自己也正是取自那片尘土。24. 就这样把他赶出去了。耶和华神又在伊甸园的东边安设基路伯和四面转动发火焰的剑, 要把守生命树的道路。

鉴析篇 (Appreciation and Analysis)

I. 语言点拨 (Vocabulary)

crafty *adj*　1. cunning, 狡诈的, 狡猾的: *That fellow is very crafty; you had better be on your guard.* 那个家伙诡计多端, 你们可得小心点儿。

　　2. clever; 机灵的, 神机妙算的: *They admired the old man for his crafty plan.* 他们敬佩那老人的神机妙算。

deceive *vt*　to cheat, to make sb believe sth that is not true, especially sb who trusts you, in order to get what you want　欺骗, 尤指利用别人的信任欺骗、蒙骗、诓骗: *She deceived him into handing over all his savings.* 她把他所有的积蓄都骗出来了。 *This is just a government ploy to deceive the public.* 这只是政府欺骗公众的手段。

enmity *n*　[u] condition of being enemy; hatred: 仇恨; 憎恨: *They are at enmity with their neighbours;* 他们与邻居不和睦; [c] (*pl –ties*) particular feeling of hostility or hatred. 某种仇恨之心。

offspring *n*　1. descendant 后代, 子孙: *How many offspring does a lion usually have?* 一只狮子通常能生多少小狮子?

　　2. something that comes into existence as a result, 产生于另一事物的某事物: *This device is the offspring of his inventive mind.* 这一装置是他那善于发明的头脑的产儿。

thistle *n*　[c] (sorts of) wild plant with prickly leaves and yellow, white or purple flowers. 蓟 (野生植物, 叶带刺, 开黄、白或紫色花)。

banish *vt*　1. to be sent away from a place and prevented from entering it. 放逐, 流放: *He was banished from the*

40

campus because he tried to seduced a straight young student. 他因企图勾引一个直男学生而被逐出校园。

2. to get rid of something unpleasant. 摆脱; 消除; 排除某种不好的东西: *This public investment programme is intended to banish the recession.* 这是一个旨在摆脱经济衰退的公共投资项目。

3. to stop thinking about something, 不再去想某事物: He tried to banish his desire for man. 他努力不再去想男人。

cherubim *n* a kind of angel, 智天使, 小天使: *He mounted the cherubim and flew; he soared on the wings of the wind.* 他坐着基路伯飞行, 在风的翅膀上显现。

2. 追根溯源--故事的隐喻意义
(The Metaphoric Meaning of the Story)

伊甸园里有两颗奇特的树, 生命树和分别善恶的树。上帝只要求人不要吃分辨善恶树的果子, 也就是说, 可以吃生命树的果子。然而, 人由于经受不住诱惑, 吃了上帝明确禁止他们吃的那颗树的果子, 而知道了善恶, 遭到了惩罚, 被赶出伊甸园, 不得不靠自己的艰苦劳作求得生存, 女人总会思慕, 听从自己的丈夫, 遭受分娩之痛。按照基督教的说法, 这就是人类的堕落, 亚当和夏娃所犯的, 是整个人类的原罪。所以, 人世间的每个人, 自生来就是有罪的, 只有通过信奉耶稣基督而赎罪, 从而死后灵魂就可进天堂, 否则就会下到地狱, 遭受炼狱之苦。

人们不禁会问, 这究竟是一颗什么树? 神为什么要把它种在伊甸园里? 既然栽种在那里, 为什么又禁止吃树上的果子? 既然禁止人吃树上的果子, 为什么不把它挪走, 还让它的果子水灵灵的漂亮悦目? 这颗树究竟是不是陷阱? 对于这样的疑问, 许多人进行了探索, 基督徒们比较认可的解释是: 人是受造物, 受造物就注定是有限的。于是就必定有一些事情, 人是无法超越和不能做的。分辨善恶树的设立, 以及神禁止亚当和夏娃去吃这树上的果子, 正是人有限性的一个体现。神给人自由选择的尊贵能力。人可以选择听从神和不听从神, 神没有也不会勉强人, 只是把后果清楚的告诉了人, 然后由人自己选择。人有足够的能力和认识去做正确的选择。人吃分辨善恶树的果之前不是没有智慧, 相反智慧非常充足, 因为能够命名地上各样的走兽; 智慧分两种, 一种是认识耶和华依靠耶和华的智慧, 是真智慧, 另一种是不依靠神的智慧, 就是人想通过吃这个果子得到的智慧。人却选择了错误的，离弃了正确的，从而犯了罪。人的这种选择，使上帝非常难过，他惩罚了人，因为害怕具有了自己的智慧的人再伸手去摘生命树的果子吃，又获得了永恒的生命，就把人赶出了伊甸园，"又在伊甸园的东边安设基路伯和四面转动发火焰的剑，要把守生命树的道路"。

伊甸园故事其实是一个隐喻，一个叙述犹太民族从上帝那里得而复失家园的隐喻。具体说来，伊甸园故事的核心思想可以用以下五个语词串接而成：赐予一立约一背叛一放逐一苦难。上帝造伊甸园并把它赐给亚当看管，隐喻的是上帝赐予了犹太人——亚伯拉罕的后裔掌管迦南地即巴勒斯坦地区；上帝要亚当不能吃分辨善恶树，即智慧树上的果子隐喻的是上帝要亚伯拉罕的后裔尊他为神，并遵循他的诫命；亚当和夏娃吃了智慧树上的果子，背叛了上帝的约定，隐喻的是犹太人对上帝信仰的动摇和背叛；上帝把亚当和夏娃赶出了伊甸园，隐喻的是犹太民族最后亡国，被迫离开迦南地；亚当和夏娃及其后裔受到惩罚隐喻的是犹太民族亡国后所遭受的种种苦难。

《旧约》是希伯来人在亡国之后经编辑、陆续增订和修整而成。自从犹大王国灭亡（公元前586年，比以色列晚亡138年）以后，其君王和臣民在生死存亡线上挣扎达700年之久。这700年恰好是他们文化史上的重要时期——流浪于异国时期，他们辗转于几个异民族的统治之下，却也从他们那里学习了一些新的文学形式和概念，从而促进了文学的成熟和繁荣。他们在灾难中编纂的历史文献，既是犹太教经典，又是民族的文学遗产。这些希伯来文学的财富，后来被收入基督教经典，一部分又被伊斯兰教的《古兰经》所吸收[13]。所以从某种程度上说，《圣经旧约》就是神圣化、文学化、隐喻化了的犹太民族的历史传记。

但伊甸园故事对犹太民族以外的其他民族仍有深刻的启示意义，例如，犹太民族的先知为了民族的生存究竟做了哪些或怎样做那些有意义的工作？原本仅仅属于一个弹丸小国或小族的小传统如何就能演变成为能够为整个世界范围普遍接受或承认的大传统？这些问题都是值得深思和研究的。

3. 伊甸园的政治哲学和老子的"无为而治"
(Comparison of the Political Philosophy Embedded in Eden and That of Laozi)

任何一部著作一旦形成，其产生的影响就并不一定如作者所预期的那样发展。由于思维方式、文化背景、个人经历和体验的差异，不同的读者在读

---

13 吾敬东. 从伊甸园故事解读犹太民族的早期历史. 圣经文学研究·第二辑. P.154

同一部作品时,所理解的方式和产生的情感体验都会是不同的。《圣经》也不例外。即便是在基督教内部,在基督徒之间,都往往会产生对经文的不同理解,甚至由此产生激烈的斗争。纵观基督教的发展历程,因为对教义理解的差异而造成教会内部的斗争,甚至分裂已是不争的事实。当然这里面还存在着为了政治目的而故意朝着有利于自身的方向去理解的问题。以批判的眼光来解读《圣经》更是会产生不同的理解。在解读伊甸园的故事时,会发现里面隐含着一种政治哲学,而且,与中国道家学说的鼻祖老子的"无为而治"有着很多的相通之处。

伊甸园里充满了和谐、自由和幸福。人能与神交流,人与人之间和谐相处,没有现代社会里的所充斥的尔虞我诈,你争我夺,人处于一种天真无邪的纯真状态,没有任何的罪欲、邪念、忿恨、报复、嫉妒、骄傲、虚荣、伪善、虚谎、自私、贪心、淫念、眼欲等等造成污秽不洁的心。人与动物之间、人与自然之间也是和谐的,没有现代社会中的对动物的毁灭性屠杀,对自然资源的无止境的开发和对环境的污染和破坏,人们也无需担心自然灾害。

然而,这种幸福是建立在人的蒙昧无知的前提之下的。那时,人连基本的羞耻感都没有,和动物其实并没有多大的分别,但是人还是比动物更有智慧,因为人能够管理伊甸园,能够做一切动植物的主宰。人的上面是神,神才是最终的统治者,他创造了一切,也就可以主宰一切。人必须服从神的命令和指示,要管理伊甸园,可以吃一切伊甸园里的蔬果,但是不能吃善恶树上的果子,然而,那子是美丽诱人的。神愚弄了人、欺骗了人,说吃了那子当天,人就会死去。但事实是,在人被蛇引诱吃了那果子之后,并没有死去,而是打开了另一扇智慧之门,马上意识到了自己是赤身裸体的。在神知道人违背了他的话后就把人赶出了伊甸园,惩罚了人和引诱者,蛇——其实就是现在所说的教唆犯。这正如何先月[14]所认为的那样:伊甸园并非是基督教所宣扬、世人所普遍认为的人间天堂、世外乐园。在伊甸园里依然充满了物质的诱惑、等级的压迫和道德的秘密。人类失去伊甸园的原因,不在于对恶的选择,而在于对等级的僭越。

如果我们把神理解为俗世社会的统治者,就不难看出这伊甸园里所隐含的统治阶级的统治策略了,那就是典型的"愚民政策"。神的欺骗,就是要让他麾下的人始终处于一种蒙昧无知的状态下,就会快快乐乐,无私无欲的生活在神的统治之下,帮着管理他所造的这个世界,修理看守伊甸园。然而却不能窥探神的秘密,不能达到神的境界。因为神在知道人吃了善恶果之后是这样说的:"那人已经与我们相似,能知道善恶。现在恐怕他伸手又摘生

---

14 何先月.伊甸园的政治学.河池学院学报,2005(8) p, 36

命树的果子吃，就永远活着。"然后就把人赶出了伊甸园。其实就是要把人民排除在统治阶层的圈子之外，以免有了智慧的人民危机他们的统治。

"无为而治"是老子的基本的政治主张。《道经》第五章有"多言数穷，不如守中"，意思就是政令频出使国家迅速穷困甚至灭亡，不如守"无为"之道来治理国家。

第十九章："绝圣弃智，民利百倍；绝仁弃义，民复孝慈；绝巧弃利，盗贼无忧。此三者以为文，不足。故另有所属：见素抱朴，少私寡欲，绝学无忧。"

意思是：抛弃聪明智慧，老百姓可获得百倍的利益；抛弃仁义，老百姓自然会回复孝慈的本性；抛弃奸巧和货利，盗贼就没有了。这三点（圣智、仁义、巧利）只是文过饰非的东西，不能治理天下。所以应使人们有所依从，那就是保持质朴，减少私欲，绝弃圣智之学，如此就没有忧虑了。

第三十七章："道常无为而无不为，侯王若能守之，万物将自化。化而欲作，吾将镇之以无名之朴。镇之以无名之朴，夫亦将不欲。不欲以静，天下将自正。"

意思是说：道永远是顺应自然，然而没有做不成的事情。侯王如果能坚守它，万物就会自然生长。自然生长欲望就会萌发，我就用道的朴质来镇服他。用道的朴质来镇服他，就不会产生欲望了。没有了欲望就会安宁，天下将自然走向正常轨道。

第六十五章是这样说的："古之善为道者，非以明民，将以愚之。民之难治，以其智多，故以智治国，国之贼，不以智治国，国之福。知此两者，亦稽式。常知稽式，是谓玄德。玄德深矣、远矣！与物反矣。然后乃至大顺。"

意思是说：古时善于行道的人，不是使老百姓知道智巧，而是使老百姓敦厚朴质。老百姓的难于治理，是因为他们有太多的智巧。所以用智巧治理国家，是国家的祸害；不用智巧治理国家，是国家的幸福。认识到了这两种治国的方法，也就是认识了治国的模式。经常把握住这种模式，就叫做最高的道德。最高的道德深啊，远啊！它与一般的事物恰恰相反！然后就可以达到回归自然的境地。最后老子描绘了一种他认为是理想的"小国寡民"的社会。

第八十章："小国寡民。使有什伯之器而不用，使民重死而不远徙。虽有舟舆无所乘之，虽有甲兵无所陈之。使民复结绳而用之，甘其食，美其服，安其居，乐其俗。邻国相望，鸡犬之声相闻，民至老死不相往来。"

翻译过来就是：国家小，人民少，即使有各种各样的器具但是并不使用，使老百姓珍惜生命而不涉险向远方迁徙。虽然有舟船和车马却没有乘坐的需求，虽然有盔甲和兵器却没有用来作战的需要。让百姓回归上古结绳记事的简朴生活状态，吃得香甜，穿得漂亮，住得安适，过习惯。城邦之间互相望得见，各自的鸡鸣狗叫声可以互相听得见，而百姓直到老去都不互相往来[15]。

可见，老子主张治理国家按道德准则实施，一切顺应事物本身的发展规律去办。他反复强调，不能以智治国，要让老百姓敦厚淳朴，让他们无私无欲。而且他所描述的小国寡民的状态其实就是回到最原始的状态，没有战乱，没有罪恶，民风淳朴，安居乐业。这就和《圣经》中的伊甸园有着异曲同工之妙——统治者要让老百姓蒙昧无知，便于管理。所不同的是，《圣经》中的愚民政策是隐含在字里行间，没有明示的，而且其统治者是无所不能无处不在的神；而老子的愚民政策是他明确表达的，其统治者是人。但无论是映射的，还是明示的，其基本本思想是一致的。老子约生活于公元前571年至471年之间，在时间上与《圣经旧约》的成书时间相差无几。但是，处于两个不同大陆的人们得到这样相似的观点是惊人的，因为当时没有现在的交通技术和信息技术，甚至都不知道在地球的另一端还有这样的一群人生活着。

然而，从两者所生活的当时的社会背景来看，产生相似的观点也就不足为奇了。如前所述，《圣经旧约》在成书过程中，犹太人已经饱受战乱之苦，在获得"上帝"所赐的迦南地之前，犹太人也曾颠沛流离，而且也是经过了多年艰苦的战争才获得那片土地的治理权，建立了国家。然而，由于迦南地（巴勒斯坦地区）处于交通枢纽，战略要地，是兵家必争之地，建立国家后也是免不了战争，而且还最终亡国了，失去了迦南地，又返回那种颠沛流离的艰难生活。所以他们痛恨人世间的斗争，渴望一种像伊甸园那样的原始的自然状态的安宁和谐的生活。他们认为人世间的罪恶是由于人性的邪恶而造成的，又找不出更好的解决问题的办法，所以就创造了一个万能的上帝。其作用是多方面的，第一、希望人们通过笃信上帝，弃恶从善。第二、通过能与上帝通话的先知来加强对民众的领导和团结。第三、给生活在苦难中的犹太民众一种希望。

老子所处的时代同样是在大动荡、大变革的时代，老子充分认识到了社会矛盾日趋尖锐的状况。然而，老子也没能正视社会的发展，找不出解决社会矛盾的正确方法，只是向往过去，想让向前发展的社会回到原始的自然状态中去。其办法是，让领导者采用顺应自然发展规律"无为而治"，和让人民回到无私无欲境界的愚民政策。从统治者的角度来说，他们需要一个能使国泰民安的治国良策，"无为"这一政治思想也就很容易被当时开明的统治者所接受。老子所向往的那种闭塞落后、自给自足的小国寡民社会对后来乃至近代社会的闭关锁国政策有很大的影响，对历史的发展产生了一

---

15 张清华.道经精华.时代文艺出版社. P:9,27,49,83,97

些负面的作用。我们现在提倡要有开放的胸襟，实施民主，要广开言路，集思广益，而不是蒙昧和麻痹人民；要面向世界，面向未来；各个民族的不同特质的文化之间要展开交流，谋求和平共处与共同发展。

通过上述分析，伊甸园中所隐含的政治哲学和老子的无为而治和愚民政策有着极大的相似之处，两种相似思想的产生背景也有着一定的相似之处。然而，无论是伊甸园，还是小国寡民的社会，更多的是对社会和谐、生活安稳、内心宁静的一种诉求。人吃了智慧果，打开了另一扇智慧之门，也就同时打开了善良之门和邪恶之门，从而被逐出了伊甸园。智慧之门的打开为我们带来了科技的发展和人类的进步，为我们的生活带来了诸多的方便与舒适，恐怕没有人愿意再回到那种原始的生活状态了。然而，邪恶之门又给我们带了许多痛苦，所以，要既能享受科技进步所带来的多姿多彩的生活，又能回归伊甸园中的那种和谐，就要靠人们共同努力，与邪恶作斗争，最终关闭邪恶之门，只留下善良之门，这就应该是基督教传播福音的目的和努力的方向。同样，社会发展到今天，我们的生活水平与老子所怀念的上古时代也已经无法同日而语，我们也不可能再退回到那种生活状态了。我们得到了很多：科技进步、物质富足、衣食无虞；我们也失去了很多：青山绿水、生活质朴、心灵宁静，而人要生活得真正幸福是离不开这些的。所以，我们在不断发展物质文明的同时，要注意生态环境的保护，加强精神文明的建设，努力创建繁荣富强，和谐安宁的世界。

4. 现世感悟 (Thoughts Inspired)

在上一章中我们讨论到，上帝赐给人的伊甸园是和谐美好的乐园，和谐是一种崇高的境界，是上帝所赋予的境界。人在享受伊甸园的和谐的同时也要承担维护和谐的义务。当人尽到这些义务时，伊甸园就是和谐的，人就可以快乐幸福的生活在其间。如果人没有尽到义务，那就破坏了和谐。人对上帝有责任，就是要管理好伊甸园，不吃上帝禁止他们吃的果子，人与人之间有责任，男人有男人的责任，女人有女人的责任。结果他们吃了禁果，破坏了和谐。首先，人神之间的和谐被打破：吃禁果前，人在上帝面前没有畏惧感，可以亲切交流。吃禁果后，他们听到了上帝的声音，却躲了起来，因为他们产生了愧疚和畏惧感。其次，人与人之间的和谐被打破：违禁之前，亚当和夏娃亲密如一个整体，而违禁之后，他们首先因赤身裸体而感到羞愧，用无花果的叶子遮羞。然后，在上帝面前推脱责任，指责对方。亚当告诉上帝，是夏娃给他果子吃的，而不是后悔自己没有遵循上帝的指示，夏娃则说是蛇引诱她吃了禁果。最后，人与自然之间的和谐也被打破了："天起了凉风"，可见自然界的气候发生了变化;蛇因为引诱夏娃吃了禁果也受到了惩罚,而且使蛇与女人以及他们的后裔彼此为仇。

"和谐"这一美好的境界已深入人心,家庭需要和谐温馨;国家和社会需要和谐稳定;国家、民族之间需要和谐共处;人与自然之间也需要和谐。只有维护这些和谐,才能保护好我们的大地母亲,让我们的后代子孙继续享用,才能有和平安宁、繁荣富强的世界。要维护和平,就必须承担起每个人的责任和义务。人世间的善与恶永远是相对存在的,就像伊甸园中的智慧树的存在一样,我们不能追究该不该存在,而是在于我们如何选择。伊甸园里的蛇是魔鬼撒旦的化身,是它诱惑了人去犯罪,人世间同样会有种种诱惑,我们只有吸取亚当夏娃的教训,牢牢把握维护和谐的责任和义务,把真、善、美永远放在心中,就像牢记上帝的指示一样,才能抵御诱惑,坚持正道,维护和谐,重建我们的"伊甸园"。

5. 相关文艺创作 (Literary Creation Related)

(1) 弥尔顿的作品

与本段经文相关的文艺创作很多,其中最为著名的要数英国诗人、政治家弥尔顿 (1608～1674) 以此为题材的《失乐园》(Paradise Lost),是和《荷马史诗》、《神曲》并称为西方三大诗歌。《失乐园》以史诗一般的磅礴气势揭示了人的原罪与堕落。诗中叛逆天使撒旦,因为反抗上帝的权威被打入地狱,却仍不悔改,负隅反抗,为复仇寻至伊甸园。亚当与夏娃受被撒旦附身的蛇的引诱,偷吃了上帝明令禁吃的分辨善恶的树上的果子。最终,撒旦及其同伙遭谴全变成了蛇,亚当与夏娃被逐出了伊甸园。该诗体现了诗人追求自由的崇高精神,是世界文学史、思想史上的一部极重要的作品。人类因为发挥智慧而创造了文明;因为滥用了智慧而受到诅咒。沃土长上荆棘,绿色原野成为荒漠,晴朗的天空变得乌烟瘴气,清澈的河流秽物漂流。人性如果受到邪恶败坏,就会导致可怕的后果——毁灭,人就可能失掉永生(生生不息繁衍)的权利,他将出于尘土而复归于尘土。这是一个古而常新的警钟。上帝说:"那人已经与我们相似,能知道善恶,现在恐怕他伸手又摘生命树的果子吃,就永远活着。"上帝因为亚当和夏娃是自己的造物,惩罚了他们,同时也很怜惜。他用兽皮作了衣服给他们穿,接着打发他们出伊甸园,赐土地给他们耕种。

《复乐园》是米尔顿所做的继《失乐园》之后的又一力作,也可说是《失乐园》的续篇。作家以饱满的热情讴歌了耶稣的降生,讲述了耶稣抵御住撒旦的诱惑，从而拯救人类重返伊甸园的故事。这本书是在弥尔顿失明后写的，所以全书都由他口述完成的，这足以看出作者的顽强意志。

(2) 渡边淳一的著作

日本作家渡边淳一也著作了一部以《失乐园》为题的经典欲情小说。这是一部描写成熟的男人和女人追求终极之爱的杰作。也是一部梦幻与现实、灵与肉、欢悦与痛楚相互交织的震撼心灵的杰作。奇妙的心理活动与错综复杂的感情纠葛，溶入到异域特有的四季更迭的绮丽环境里，令人回肠荡气。

男女主人公各自有自己的家庭，因偶遇而相识，从而开始了炽热、执着的不伦之恋。他们并不是因为缺少关爱而去寻找外遇，也不会因为情感老化而走向离婚，他们既厌倦家庭又留恋家庭，他们作出的所有姿势，都是不知如何自卫的自卫，是生命最后的激越阶段的背水一战。

端庄贤慧的医学教授之妻凛子与某出版社主编久木在一次社交场合邂逅相识。工作狂的丈夫对凛子的冷漠，因工作变动而失意的久本与妻子不冷不热的麻木关系。无爱的家庭婚姻与难于抵御的情感诱惑，使凛子与久木陷入"婚外情"的漩涡。单行本出版后日本读者争相传阅，改编成同名电影和电视剧上演之后家喻户晓，形成所谓"失乐园现象"。

同弥尔顿一样，渡边淳一也写了《复乐园》，这是一部暖情小说，一段两性故事，多样夫妻情态，也是他自己的著作《失乐园》的延续与对照。《失乐园》中他们以欲望为道路，获得爱的乐园，失去生的乐园。《复乐园》中他们用宽容作准则，创造爱的乐园，畅享生的乐园。

(3) 国产电视剧

由于庚庚导演，濮存昕、刘佩琦、张培等主演的30集电视连续剧《失乐园》是国内第一部以艾滋病为题材的电视剧。

"海天药业"集团总裁权正阳被检测为艾滋病患者，他无法承受这突如其来的打击。艾滋病魔吞噬着他的身体和精神，巨大的痛苦压迫得他喘不过气来，他必须死。经过一番痛苦而又周密的思考，他为海天集团未来的发展和妻子、女儿未来的生活做好了一切安排，并准备物色一名杀手杀死自己，从而彻底掩盖自己身患艾滋病的真相。到哪里去寻找这样一名杀手呢？一个偶然的机会，权正阳看到了一则"征婚启事"，一个叫殷冰冰的女孩映入了他的视线。尤其让他感兴趣的是殷冰冰的职业是从事击运动，并且不知什么原因，她的征婚条件是付给她三十万元，她就愿嫁给谁……一个感人肺腑、催人泪下的故事由此展开。

(4) 漫画

　　几米的《失乐园》系列漫画，木马头不停地奔跑，不小心跑进了一条死巷。他感到非常震撼，原来路是有尽头的，而尽头不一定是在去不了的远方。失乐园是一个地方，一种心境，一种色彩。几米在《失乐园》里创造了数十位小朋友，以各种独特的方式为受伤的心发声。这些角色中，有的害羞寂寞，有的世故早熟，有的遗失了童年，有的终日寻求不可知的答案……他们天真的话语表达了我们内心曾有的困惑，所有不被理解的情绪，在失乐园里都得到了抚慰。如果我们安静倾听，就可以感受到失乐园里温柔的光，看到彩虹以微笑的姿势出现。失乐园的小朋友表达寂寞的方式非常温柔，他们总是静静地对自己的心说话，默默地等待一个了解自己的人。想像在最忧郁的森林角落，拾获神奇的金苹果……

偷吃禁果

第五章 该隐和亚伯

Cain and Abel (GENESIS 4)
Cain and Abel

4 Adam made love to his wife Eve, and she became pregnant and gave birth to Cain. She said, 'With the help of the LORD I have brought forth a man.' ² Later she gave birth to his brother Abel. Now Abel kept flocks, and Cain worked the soil. ³ In the course of time Cain brought some of the fruits of the soil as an **offering** to the LORD. ⁴ But Abel also brought an offering – fat portions from some of the firstborn of his flock. The LORD looked with favour on Abel and his offering, ⁵ but on Cain and his offering he did not look with favour. So Cain was very angry, and his face was **downcast**.

⁶ Then the LORD said to Cain, 'Why are you angry? Why is your face downcast? ⁷ If you do what is right, will you not be accepted? But if you do not do what is right, sin is **crouching** at your door; it desires to have you, but you must rule over it.'

⁸ Now Cain said to his brother Abel, 'Let's go out to the field.' While they were in the field, Cain attacked his brother Abel and killed him.

⁹ Then the LORD said to Cain, 'Where is your brother Abel?'

'I don't know,' he replied. 'Am I my brother's keeper?'

¹⁰ The LORD said, 'What have you done? Listen! Your brother's blood cries out to me from the ground. ¹¹ Now you are

under a curse and driven from the ground, which opened its mouth to receive your brother's blood from your hand. ¹² When you work the ground, it will no longer yield its crops for you. You will be a restless wanderer on the earth.'

¹³ Cain said to the LORD, 'My punishment is more than I can bear. ¹⁴ Today you are driving me from the land, and I will be hidden from your presence; I will be a restless wanderer on the earth, and whoever finds me will kill me.'

¹⁵ But the LORD said to him, 'Not so;anyone who kills Cain will suffer **vengeance** seven times over.' Then the LORD put a mark on Cain so that no one who found him would kill him. ¹⁶ So Cain went out from the LORD's presence and lived in the land of Nod, east of Eden.

¹⁷ Cain made love to his wife, and she became pregnant and gave birth to Enoch. Cain was then building a city, and he named it after his son Enoch. ¹⁸ To Enoch was born Irad, and Irad was the father of Mehujael, and Mehujael was the father of Methushael, and Methushael was the father of Lamech.

¹⁹ Lamech married two women, one named Adah and the other Zillah. ²⁰ Adah gave birth to Jabal; he was the father of those who live in tents and raise livestock. ²¹ His brother's name was Jubal; he was the father of all who play stringed instruments and pipes. ²² Zillah also had a son, Tubal-Cain, who **forged** all kinds of tools out of bronze and iron. Tubal-Cain's sister was Naamah.

²³ Lamech said to his wives,

'Adah and Zillah, listen to me;
wives of Lamech, hear my words.
I have killed a man for wounding me,
a young man for injuring me.
²⁴ If Cain is **avenged** seven times,
then Lamech seventy-seven times.'

²⁵ Adam made love to his wife again, and she gave birth to a son and named him Seth, saying, 'God has granted me another

child in place of Abel, since Cain killed him.' ²⁶ Seth also had a son, and he named him Enosh.

At that time people began to call on the name of the LORD.

该隐和亚伯　（创世记4）

4 有一日，那人和他妻子夏娃同房，夏娃怀孕了，生了该隐，便说：耶和华使我得了一个男子。2. 她又生了该隐的兄弟亚伯。亚伯是牧羊的，而该隐是种地的。3. 岁月流逝，有一天，该隐拿地里的出产作为供物献给耶和华。4. 亚伯也将他羊群中头生的和羊的脂油献上。耶和华看中了亚伯和他的供物，5. 只是看不中该隐和他的供物。该隐非常气恼，脸色阴沉了下来。

6. 耶和华对该隐说："你为什么发怒呢，你为什么变了脸色呢。7. 你若行得好，岂不蒙悦纳，你若行得不好，罪就伏在门前。它必恋慕你，你却要制伏它。

8. 该隐与他兄弟亚伯谈了话。又过了一段时间，有一天，当二人在田间时，该隐起来打他兄弟亚伯，把他杀了。

9. 耶和华对该隐说："你兄弟亚伯在那里？"

他说："我不知道，难道我是看守我兄弟的吗？"

10. 耶和华说："你作了什么事呢，你兄弟的血，有声音从地里向我哀告。"11."地开了口，从你手里接受你兄弟的血。现在你必受到来自这片土地的咒诅。"12. 你种这片土地时，它不会不再给你效力。你必流离飘荡在地上。

13. 该隐对耶和华说："我的刑罚太重了，超过了我的承受能力。"14."看，你今天把我从这片土地上赶了出去，我要躲避，不见你的面。我必流离飘荡在地上，某一天，每一个发现我的都会杀死我。"

15. 耶和华对他说："既然如此，凡杀该隐的，必遭到七倍的报应。"耶和华又在该隐身上留了一个标记，免得人发现他就杀他。16. 于是该隐从耶和华神面前离开，去住在伊甸东边的挪得之地。

17. 该隐与妻子同房，他妻子就怀孕，生了以诺。该隐建造了一座城，就按着他儿子的名，将那城叫作以诺。18. 以诺生以拿。以拿生米户雅利。米户雅利生玛土撒利。玛土撒利生拉麦。

19. 拉麦娶了两个妻子，一个名叫亚大，一个名叫洗拉。20. 亚大生雅八。雅八就是住帐棚，牧养牲畜之人的祖师。21. 雅八的兄弟名叫犹八。他是一切弹琴吹箫之人的祖师。

22. 洗拉又生了土八该隐。他是打造各样铜铁利器的（或作是铜匠铁匠的祖师）。土八该隐的妹子是拿玛。

23. 拉麦对他两个妻子说：

    "亚大，洗拉，听我的声音。

    拉麦的妻子，细听我的话语，

    壮年人伤我，我把他杀了。

    少年人损我，我把他害了。"

24. "若杀该隐，遭报七倍。杀拉麦，必遭报七十七倍。"

25. 亚当又与妻子同房，她就生了一个儿子，起名叫塞特，她说："因为神另给我立了一个儿子代替被该隐杀死的亚伯。"26. 塞特也生了一个儿子，起名叫以挪士。

    那时候，人才求告耶和华的名。

鉴析篇 (Appreciation and Analysis)

I. 语言点拨 (Vocabulary)

offering *n* 1. a gift that people offer to their God or gods as a form of worship, 贡品, 祭品: *God demanded the Israel to give burnt offerings.* 上帝命令以色列人提供燔祭。

2. something that is specially produced to be sold, 待售品, 出售品: *The offerings in New China Buffet are really very good, far better than other restaurants in Searcy.* 新中国自助餐厅的菜肴真是非常好, 比瑟西的其他餐馆好多了。

3. something offered (as a proposal or bid), 提议, 提出的某些条件: *What is your competition offering?* 你拿出的竞争条件是什么?

V-ing: *The police are offering a big reward for information about the robbery.* 警方出大笔赏金要求提供那起抢劫案的破案线索。

downcast *adj* 1. unhappy, sullen because of angry: *His face was downcast because of jealousy.* 因为嫉妒他脸色阴沉。

2. looking towards the ground, usually because of sadness or embarrassment. 通常因悲伤或尴尬眼睛朝下的, 低垂的: *With downcast eyes he explained that he was not the person they all thought he was.* 他双目低垂地解释说, 他并不是他们都以为的那个人。

3. sad or depressed, low in spirit 沮丧的, 垂头丧气的: *A group of downcast men stood waiting for food.* 一群人垂头丧气地站在那儿等着吃饭。

crouch *vi* legs bent so that one can be close to the ground and leaning forward slightly 蹲, 蹲伏: *The soldiers were crouching in the bushes.* 战士们蹲伏在灌木丛中。 *He dropped into a defensive crouch, the knife held defensively before him.* 他做出防备的卷曲姿态, 刀很防备地拿在面前。

n the state of crouching, 蹲伏的状态: *They walked in a crouch, each bent over close to the ground.* 他们每个人都俯身贴近地面蹲伏着前进。

vengeance *n* [u] a. infliction of injury, harm, humiliation, or the like, on a person by another who has been harmed by that person; 一个人向另一个人就其所施加的伤害实施伤害、羞辱或类似的报复; 复仇; 以牙还牙; *seek vengeance upon sb (for an injury);* (因遭其伤害而) 向某人报复; *take vengeance on an enemy.* 向敌人复仇。

with a vengeance, (colloq) thoroughly ; to a greater degree than is normal (口) 彻底地; 激烈地; 极端地; 过分地: *The rain came down with a vengeance.* 雨下得很大。

forge *vt* 1. to heat the metal and then hammer and bend it into the required shape, 炼, 锻造: *It takes time, energy and skill to forge a good knife.* 锻造一把好刀需要时间、精力和技巧。

2. to copy something or make it so that it looks genuine, in order to deceive people, 仿造, 伪造: *She forged a passport and went to England.* 她伪造护照去了英国。

3. set up, establish 建立, 缔造: *The two countries were sincere to forge a good relationship.* 两国是真诚地要建立良好的关系。

forge ahead, make progress, 取得进展: *The two companies forged ahead, innovating and expanding.* 两家公司加快发展, 改革创新, 不断扩张。

n a place where someone makes metal goods and equipment by heating pieces of metal and then shaping them 铁匠铺, 锻造厂: *He started to work in a forge when he was 12 years old, which als forge strong arms for him.*他12岁就开始在一个铁匠铺工作, 练就了一双铁臂。

avenge *vt* get or take vengeance for : 为……报仇; 报复: *avenge an insult* ; 为受辱而报复; *avenge oneself/be avenged on an enemy (for an injury, etc).* (为伤害等)向仇敌报复。*He avenged his father's death upon the murderer*, punish the murderer. 他报了杀父之仇 (即已惩凶)。**avenger** *n* 复仇者。

2. 追根溯源-该隐为什么会杀死亚伯? (Why Did Cain Kill His Brother?)

本故事是人类堕落, 被赶出伊甸园后的第一次罪恶, 是兄弟相残的血腥罪恶, 这个血腥的故事引发了人们许多的思考。该隐为什么会杀死自己的亲弟弟?

嫉妒的罪恶 (The Evil of Envy)

按照基督徒的解释, 该隐是受到魔鬼撒旦的引诱而犯下的罪。在本章中我们没有看见魔鬼, 只看见该隐杀人并说谎。但在约翰福音第八章第四十四节主耶稣说, 那是魔鬼在杀人并说谎。在神眼中, 那不仅是该隐, 更是魔鬼。还有, 约翰一书第三章第十二节告诉我们, 该隐是"出于那恶者,"就是魔鬼。该隐的源头乃是撒旦。这两节经文清楚且完全的让我们看见, 该隐和魔鬼, 魔鬼和该隐, 二者乃是一个。也就是说, 撒旦已进入了该隐的心中, 该隐的行动是由撒旦支配的。

然而, 我们现在看来, 何为撒旦?撒旦就是存在人心中的恶念。该隐心中的恶念就是嫉妒。因为"耶和华看中了亚伯和他的供物, 只是看不中该隐和他的供物。该隐就大大地发怒, 变了脸色。""耶和华对该隐说, 你为什么发怒呢, 你为什么变了脸色呢。你若行得好, 岂不蒙悦纳, 你若行得不好, 罪就伏在门前。它必恋慕你, 你却要制伏它。"可见, 上帝已经看出了该隐的不满, 并且教育他, 之所以不被悦纳, 是他自己做得不好, 并且警告了他, 要他制服恋慕他的罪。可是, 该隐并没有反思自己为什么没有做好, 哪里做得不够, 而是任凭嫉妒与愤怒肆略, 最终吞噬了他的灵魂, 犯下了弑兄的恶念。

13世纪神道会神父圣多玛斯·阿奎纳提出了"七宗罪", 属于人类恶行的分类，他们分别是"傲慢、妒忌、暴怒、懒惰、贪婪、贪食及色欲"。对于七宗罪的排列顺序有不同的观点，有人认为，嫉妒是罪恶之源。人的一切丑陋行为，究其根本，都可以找到嫉妒的影子。许多可怕的东西，说起来都因妒嫉而起。因为妒嫉别人的优秀，所以出卖，背叛，两面三刀；因为妒嫉别人的和平，所以作乱，挑拨，凭空诬陷。只因为见不得别人的好，因此丧失良知，迷失自己，最后天下大乱，别人垮了，自己也走到尽头。

亚里斯多德对嫉妒做过很直白的论述——我们嫉妒那些在时间、空间、年龄或声望方面接近我们的人，也嫉妒与我们竞争的对手。我们不会嫉妒那些生活在100年前的人、那些未出生的人、那些死人、那些在我们或他们看来远低于或高于我们的人。我们恰恰嫉妒那些和我们有着相同奋斗目标的人[16]。

嫉妒是对自己同胞所犯的罪行。嫉妒之心，是心灵上的毒疮，不仅使嫉妒者饱受"眼红"的煎熬，也往往会给别人带来痛苦与损失，害人害己，破坏和谐。为了有一个和谐美好的生存环境，我们必须克服嫉妒之心。下面是几点建议：

1. 勿以他人之长比自己之短。妒忌心理往往来源于将自己的短处与别人的长处进行比较。心理学家告诫，别人拥有再多也与自己无关。他们的成功并不意味着世界上的"成功人士名额"减少了，因此不能说明你就成功不了。

2. 保持"比下有余"的心态。总有人拥有的比你多，也总有人不如你。妒忌心起时，不妨看看周围那些不如你的人，你就会感激你目前所拥有的一切。

3. 珍惜自己的拥有。不要因为尚未得到的东西妒火中烧。想想自己有些什么，比如幸福的家庭、可爱的孩子等。将视线转移到"我拥有"，而不是"我想要"，就会找到"富足感"。

4. 用祝福的心态对待他人。"眼红"的时候，试着马上改变思路，将妒忌心转换成对他人的美好祝愿。理解他们成功背后的努力、运气和奋斗，真心祝贺他们，用他们的成功激励自己，冷静的思考自己哪方面可以改进。

5. 相信自己。每个人的能力可能会表现在不同方面，发现自己的特长，明确人生目标，不要因为别人早早取得成功而心灰意冷，甚至轻易改变自己的方向，相信自己一定会走出一条成功之路。

---

16 古敏.圣经文学二十讲.重庆出版社, 2005, p,105

偏私 (Partiality)

从表面上看, 该隐血腥的弑兄罪恶是因为他的愤怒与嫉妒吞噬了他的良知, 使他失去了理智, 犯下了恶行。然而从深层次看, 也还因为"上帝"的"不公"。

该隐是种地的, 亚伯是牧羊的, 他们向上帝献祭时, 该隐奉献的是自己种植的产物, 亚伯奉献的是头生的羊和脂油。他们都是拿自己劳动的果实供奉, 都是真诚地表达他们对上帝的虔敬之心。可是, 上帝却只悦纳亚伯和他的供物, 而不喜欢该隐和他的供物, 这才使得该隐愤怒, 嫉妒。上帝为什么不喜欢该隐和他的供物? 基督徒的解释是, 人本身就是有原罪的, 必须要有流血才能得到救赎。而该隐的供物是无血的, 他的供奉行为是出自自己的智慧和观念, 是受撒旦指使的, 所以神不会悦纳。然而, 作为人, 我们无法理解, 当时的该隐也恐怕无法理解, 上帝看到该隐的愤怒, 只是说他做的不好, 向他明确解释了哪里做的不好吗? 在经文中是没有看到的。所以, 笔者认为, 从某种程度上说, 该隐的愤怒和不满是上帝造成的, 他的愤怒和不满也是针对上帝的不公平, 可是由于上帝是那么强大, 该隐的愤怒和不满无法发泄到上帝身上, 他只好将愤怒和不满转移发泄到比自己更加弱小的亲弟弟亚伯身上。这种将愤怒和不满转移发泄到弱小对象身上的现象, 直到现在依然存在, 比如单位中的某个中层领导受到了上层领导的气, 转而将愤怒发泄到他的下属身上; 男人在单位里受了上司的气, 回到家里将怨恨和愤怒发泄到老婆孩子身上。所以, 所有做父亲的, 做家长的, 做宗教领袖的、甚至包括大小领导, 都必须保持公平公正, 否则就可能引发部下和群众的不满, 这种不满一旦得不到及时的化解, 就会破坏和谐, 最终还可能引发惨案。

仁爱思想教育的欠缺 (Lack of Moral Education)

另外, 从这段经文中, 我们还可以看到"上帝"不公的另一个表现。上帝知道该隐杀死亚伯后处罚该隐离开故乡。该隐对上帝说, 这样的处罚太重了, 因为一旦接受这个处罚流落到他乡, 别人见到他就会杀了他。上帝听了他的辩解就宣称"凡杀该隐的, 必遭报七倍", 成了该隐的保护神, 难道这就是上帝对人的爱? 对人的宽容? 那也是对某些人偏私的爱, 这种偏爱, 成了纵容和包庇。正因为有了上帝这个保护神, 该隐的子孙拉麦更加有恃无恐, 狂妄地对他的妻子和儿子宣称: "壮年人伤我, 我把他杀了。少年人损我, 我把他害了。若杀该隐, 遭报七倍。杀拉麦, 必遭报七十七倍。"按照我们中国人的观念, 杀人偿命, 一命抵一命, 这才是平等公正的。"杀一报七"已经是过度报复、过度仇恨了。更加恶劣的是, 有了这个"以恶制恶, 以暴制暴"的坏的先例之后, 该隐的后代子孙麦拉进一步把报复的倍数提高到了七十七倍! 由此可见, 仇恨一旦被煽动起来是多么可怕。不难想象, 一旦所有的家庭或所有的民族都以如此"七十七倍"的仇恨去报复对方, 这个世界将陷入怎样的黑暗之中, 哪还有和谐可言?

这段经文还给了我们另一个启示, 即: 只有惩罚, 没有教育是不能制止罪恶的。从经文中没有看到上帝和亚当对该隐进行适当的教育和引导, 在他杀人之前上帝只是警告该隐, 罪必恋慕他, 要他制服罪, 却没有更多的教育和疏导; 在他杀人之后只是惩罚他去流浪, 而且还保护他的生命不受他人谋害, 也没有更多的教育和引导。该隐的子孙不但没有从该隐杀人的罪恶中得到教育, 因为上帝的保护, 反而变本加厉地提高了报复别人的倍数。

与这种强烈的复仇理论不同, 中国古代的孔子强调的是对人的仁爱思想的培养, 《论语》"学而第一"里写到, 有子曰: "其为人也孝弟, 而好犯上者, 鲜矣; 不好犯上, 而好作乱者, 未之有也。君子务本, 本立而道生。孝弟也者, 其为仁之本与!"其根本意思是, 为人的根本要从培养孝顺仁爱思想开始, 不能从培养逞凶斗狠的你打我一拳, 我还你七拳的复仇思想开始。我们不妨假设一下: 如果上帝在制造亚当之后, 能及时地教育他要培养儿子的仁爱思想, 亚当也同样从小就培养该隐的仁爱思想, 该隐还怎么会杀死他的亲弟弟呢?

当然, 这里的分析是仅仅看这段经文而言的。《圣经》新约中, 耶稣并没有提倡报复思想, 反而是叫人忍耐, 宣扬互爱。

3. 相关文艺创作 (Literary Creation Related)

2009年2月18日亮相荧屏的韩国电视连续剧《该隐与亚伯》(Cain and Abel) 取材于《圣经》中该隐与亚伯两兄弟的悲剧故事。故事中的几条线索如下:

从小就把哥哥宣宇当作学习榜样, 渴望像哥哥一样健康、聪明的李楚仁虽然成为了令人羡慕的天才医生, 却因为医院的权利斗争而遭到排挤, 并陷入到一场阴谋当中。李宣宇从一开始就不喜欢弟弟李楚仁的出现, 只是为了不让父亲失望, 希望冷漠的父亲也能对自己微笑才决定扮演楚仁的好哥哥。由于父亲对自己漠不关心, 宣宇总是强迫自己处处争第一, 希望能引起父亲的关注。海外留学归来的宣宇嫉妒弟弟楚仁已经成为了出色的医生, 发现弟弟在不知不觉中已经比自己优秀的宣宇痛恨到想把楚仁的微笑撕成碎片。先天性心脏畸形的书妍从小就对医院充满了恐惧, 因为宣宇和楚仁两兄弟的存在, 书妍慢慢从害怕医院变成了喜欢上医院。在宣宇留学时, 苦等了7年的书妍把等待宣宇的感情倾注到楚仁身上，想让宣宇回来后尝尝被抛弃的滋味。然而当书妍发现自己对宣宇深深的爱意后，她已经痛苦地陷入到两兄弟之间无法自拔。而她也成为两兄弟矛盾纠葛的又一导火线……

从中朝边境逃出来的灵智为了攒钱回韩国当起了导游，并因此遇到了楚仁。对楚仁念念不忘的灵智来到韩国看到的却是楚仁的灵堂。之后的某一天，灵智偶然邂逅了完全不记得自己的楚仁。灵智悉心照顾楚仁，并决定不再放他离开……

副院长金惠珠和儿子宣宇想借脑医学中心达到医疗民营化目的，有的医生拜倒在金钱面前，有的医生则持反对态度赞同医院创立人的想法，最终以主张优先设立急救中心而告终。后又因李宗民的私人律师告知他们李宗民已经把所有的继承权交给李楚仁，另一场阴谋又开始了…………

医院的命运究竟会掌握在谁的手中？

第六章 诺亚方舟

Noah and The Ark (GENESIS 6)
Wickedness in the world

6 When human beings began to increase in number on the earth and daughters were born to them, ² the sons of God saw that the daughters of humans were beautiful, and they married any of them they chose. ³ Then the LORD said, 'My Spirit will not **contend** with humans for ever, for they are **mortal**; their days will be a hundred and twenty years.'

⁴ The Nephilim were on the earth in those days – and also afterwards – when the sons of God went to the daughters of humans and had children by them. They were the heroes of old, men of renown.

⁵ The LORD saw how great the wickedness of the human race had become on the earth, and that every **inclination** of the thoughts of the human heart was only evil all the time. ⁶ The LORD regretted that he had made human beings on the earth, and his heart was deeply troubled. ⁷ So the LORD said, 'I will wipe from the face of the earth the human race I have created – and with them the animals, the birds and the creatures that move along the ground – for I regret that I have made them.' ⁸ But Noah found favour in the eyes of the LORD.

Noah and the flood

⁹ This is the account of Noah and his family.

Noah was a righteous man, blameless among the people of his time, and he walked faithfully with God. ¹⁰ Noah had three sons: Shem, Ham and Japheth.

¹¹ Now the earth was corrupt in God's sight and was full of violence. ¹² God saw how corrupt the earth had become, for all the people on earth had corrupted their ways. ¹³ So God said to Noah, 'I am going to put an end to all people, for the earth is filled with violence because of them. I am surely going to destroy both them and the earth. ¹⁴ So make yourself an **ark** of **cypress** wood; make rooms in it and coat it with **pitch** inside and out. ¹⁵ This is how you are to build it: the ark is to be three hundred cubits long, fifty cubits wide and thirty cubits high. ¹⁶ Make a roof for it, leaving below the roof an opening one cubit high all around. Put a door in the side of the ark and make lower, middle and upper decks. ¹⁷ I am going to bring floodwaters on the earth to destroy all life under the heavens, every creature that has the breath of life in it. Everything on earth will **perish**. ¹⁸ But I will establish my **covenant** with you, and you will enter the ark – you and your sons and your wife and your sons' wives with you.¹⁹ You are to bring into the ark two of all living creatures, male and female, to keep them alive with you. ²⁰ Two of every kind of bird, of every kind of animal and of every kind of creature that moves along the ground will come to you to be kept alive. ²¹ You are to take every kind of food that is to be eaten and store it away as food for you and for them.'

²² Noah did everything just as God commanded him.

诺亚方舟 (创世记6)
世界的邪恶

6 当人在地上多起来，又生女儿的时候，2.神的儿子们看见人的女子美貌，就随意挑选，娶了做妻子。3.耶和华说："人是血肉之躯，我的灵就不永远住在他们里面。然而他们还是可以活一百二十年。"

4. 那时候有伟人在地上，后来神的儿子们和人的女子们交合生子，那就是上古英武有名的人。

5. 耶和华见人在地上罪恶很大，终日所思想的尽都是恶。6.耶和华就后悔造人在地上，心中忧伤。7.耶和华说，我要将所造的人、走兽、昆虫，以及空中的飞鸟，都从地上除灭，因为我后悔造了他们。8.惟有挪亚在耶和华眼前蒙恩。

9. 挪亚的后代记在下面。

　　挪亚是个义人，在当时的世代是个完全人。挪亚与神同行。10.挪亚生了三个儿子，就是闪，含，雅弗。

11. 世界在神面前败坏了，强暴肆虐。12.神观见这世界已经败坏。凡有血肉之躯的，在地上的行为都败坏了。13.神就对挪亚说："凡属血肉之躯的人的尽头已经来到我面前。因为地上充满了他们的强暴，看吧，我要把他们随这地球一起毁灭。"14."你要用歌斐木造一只方舟，分一间一间地造，里外抹上松香。"15."方舟的的式样如下：要长三百肘，宽五十肘，高三十肘。"16."方舟上边要留透光处，高一肘。方舟的门要开在旁边。方舟要分上，中，下三层。"17."看哪! 我，甚至是我，都一定会使洪水泛滥在地上，摧毁地上有生命之气的所有血肉之躯，天下地上的一切有气息的活物，无一不死。"18.但是，我却要与你立约，你要进入方舟，你、你的儿子们、你的妻子和你儿子的妻子们都要和你一起进入方舟。19.凡有血肉的活物，每样两个，一公一母，你要带进方舟，好在你那里保全生命。20.你要把各种飞鸟、各种牲畜、地上的各种昆虫中的每样两个，都带到你那里，好保全生命。21.你要带上各样食物，积蓄起来，好作你们和它们的食物。

22. 挪亚就照这样行。凡神所吩咐的，他都照样行了。

鉴析篇 (Appreciation and Analysis)

I. 语言点拨 (Vocabulary)

contend *vi* to deal with something or overcome it, 应对, 处理, 解决: *The asylum seekers had to contend with continued bureaucratic obstruction.* 寻求政治庇护的人得不断地应付官僚主义的层层阻挠。

contend for sth compete against sb for sth, 竞争, 争夺: *The two parties are contending for the leadership.* 两党在争夺领导权。

contend against/with 与……竞争: *The firm is too small to contend against large international companies.* 这家公司太小, 无法与国际性的大公司竞争。

vt to argue for, to say that something is true, 声称, 争辩, 主张: *He contends that the minister's thinking is flawed on that point.* 他认为部长的想法在那一点上有漏洞。

mortal *adj* 1.subject to death, not being able to live forever 会死的: *All human beings are mortal.* 凡是人总有一死。

2. deadly, fatal, causing death, 致命的, *The police were defending themselves and others against mortal danger.* 警察在保护自己和他人免遭致命危险。*He received a mortal wound soon after the battle began.* 战争开始后不久, 他就受到了致命的重伤。

3. extremely great or severe 极度的, 极大的: *She was in mortal terror of being found.* 她极度害怕被发现。

n ordinary person, 凡人, 普通人: *Tickets seem unobtainable to the ordinary mortal* 普通人好像根本买不到票。

65

inclination *n* 1. an attitude of mind, natural disposition toward a certain condition, 意向, 倾向, 爱好: *He had neither the time nor the inclination to think of other things.* 他没有时间也不愿意去考虑其他事情。 *He is a teacher by occupation but a philosopher by inclination.* 他的职业是教师, 但他的本心是成为哲学家。

2. slop,the property possessed by a line or surface that departs from the vertical,斜坡, 倾斜: *There is always a certain inclination in a ship's deck.* 船的甲板总有几分斜度。

ark *n* (in the Bible) (圣经) 1. covered ship in which Noah and his family were saved from the Flood. (世界大洪水时期诺亚及其家人所乘借以保全性命之有蓬的) 方舟。

2. **Ark of the Covenant,** wooden chest in which writings of Jewish law were kept. 圣约柜 (保藏犹太法刻文之木柜)。

cypress *n* a kind of tree 柏树

pitch[1] *n* 1. place where sb (esp a street trader) usu does buisiness, where a street entertainer usu performs. (街上零售商的)售货摊; (街上卖艺人的) 路边表演场。**queer sb's pitch,** upset his plans; thwart him.破坏某人的计划; 阻挠某人。

2. (cricket) part of the ground between the wickets; manner in which the ball is delivered in bowling; (basketball) manner or act of pitching the ball; (football) ground, field (the usual words) on which the game is played. (板球) 柱与柱之间的场地; 投球式; (棒球) 投球式; 投球; (足球) 足球场 (ground, field 较常用)。

3. act of pitching or throwing anything; distance to which sth is thrown. 投掷; 所投的距离。

4. (music and speech) degree of highness or lowness; quality of sound. (e. degree: 程度: *at the lowest pitch of his (ill) fortune.* 在他最不幸的时候。excitement rose to fever pitch. 兴奋达到极点。

F5 amount of slope (esp of a roof).
斜度（尤指屋顶的斜度）。

6. (of a ship) process of pitching. (指船) 上下颠簸。

pitch² *n* [u] black substance made from coal-tar, turpentine or petroleum, sticky and semi-spaces, eg between planks forming a floor or ship's deck, make roofs water proof, etc. 沥青 (由煤焦油或松节油提炼的黑粘物, 遇热成粘性半液体, 遇冷变硬, 用以填塞板面等之间的裂缝或使屋顶防水等)。**as black/dark as pitch,** completely black/dark. 漆黑的; 极暗的。**pitch-black/pitch-dark** *adj* completely black/dark. 漆黑的; 极暗的。**pitch-blende** *n* [u] black, shining mineral ore(oxide of uranium) yielding radium. 沥青铀矿。**pitch-pine** *n* specially resinous kinds of pine-tree or its wood. 脂松; 脂松木。

perish *vi* 1. to come to an end, to be destroyed forever, 毁灭, 湮灭, 丧失: *Civilizations do eventually decline and perish.* 各种文明最终都会衰落, 消亡。

to fall to pieces and becomes useless 老化, 腐烂, 脆裂: *The tyers of his car are slowly perishing.* 他车子的轮胎正在慢慢老化。

2. to die as a result of very harsh conditions or as the result of an accident, 惨死, 猝死: *In that traffic accident, 37 people perished.* 在那次车祸中37人惨死。

covenant *n* 1. (legal) formal agreement that is legally binding. (法律) (有法律约束力的正式) 合约; 契约; 盟约。**Deed of covenant,** written, signed and sealed agreement, usu concerning property. (经签字并盖章, 通常为有关房地产的) 契据; 契约书。

2. undertaking to make regular payments to a charity, trust, etc. (为慈善事业、信托财产等而定期付款的) 承诺。*The money was given to us by deed of covenant.* 这笔钱是根据契约书付给我们的。

vt,vi **covenant (with sb) (for sth),** make a covenant. 订立盟约。

2. 追根溯源-方舟的考证 (Exploration of the Ark)

这段经文中讲述了上帝决定用洪水摧毁他亲手创建的这个世界的故事。随着时间的推移，人们逐渐忘记了上帝，不再感激上帝为他们创造了美好的世界，更谈不上遵从上帝的旨意，人们心中充满了邪恶。上帝看到这一切，非常难过，后悔在地球上创造了人，于是做出了可怕的决定，要铲除人类和整个地球上的一切。在芸芸众生中，唯有诺亚在上帝眼里是纯洁的，是遵循了上帝的旨意生活的人，他决定让诺亚及其家人在大洪水中幸免于难，所以指示他去建造一个大的方舟，以便在即将到来的大洪水中让自己和家人逃生，并保留其他各物种不绝种。按照《圣经》的度量方式和比例，诺亚方舟长300腕尺、高30腕尺、宽50腕尺。腕尺是古代的一种长度测量单位，指从中指指尖到肘的前臂长度，换算成现代长度单位约0.5米。那么，诺亚方舟就应该是长约150米，宽25米，有四层楼高，重3000吨，是一只排水量四万三千吨的巨大木箱。根据经文，后来，诺亚一家，包括他的妻子和三个儿子的妻子，以及地上各种走兽（洁净的七公七母，不洁净的一公一母），天上的飞鸟（七公七母）和植物的种子，正是凭着这艘大船，在长达150天洪水淹没大地的情况下幸免于难。

"诺亚方舟"的故事虽然是个传说，但由于《圣经》中记载的很多事情都被证实是真实的，譬如，在一次战争中，一位军官根据《圣经》中的记载，成功地找到了大山里的一条秘密小道，并通过这条小道突然出现在敌人面前，取得巨大胜利。如果能证明"诺亚方舟"也是真实的，那么这个发现肯定将在全世界引起轰动。所以，很多年以来，许多国家的《圣经》考古学家都希望揭开这个千古之谜。

按《创世记》第八章所载，方舟最后停靠在土耳其东部的亚拉腊山上。近年来，有一种说法，认为方舟搁浅在亚拉腊山脉面向黑海的一个山坡上，而且很可能因为黑海水位暴涨而沉入黑海海底。根据科学家们的分析，假如方舟沉入黑海海底那么它可能完好如初。

科学家推算地球最近一次冰河时期，是在一万二千年前达到巅峰，那时全球海平面要比现在低很多，而黑海只是一个淡水湖，与地中海间隔着一个天然的堤坝，这个堤坝横跨今天土耳其境内的博斯普鲁斯海峡。

随着各地冰河融解消褪，全球海平面跟着升高，而地中海与黑海的水位落差，逐渐被拉大到500米左右。后来，可能是一场大雨或一场地震，使两者间的堤坝垮掉，地中海的海水以200倍于尼加拉瀑布的水量及冲力涌入黑海；两年后，地中海和黑海的水位才达到平衡。

今天，黑海和地中海虽有一个水道相通，但黑海基本上是个封闭的水域，多瑙河、聂伯河及顿河的水不断流入黑海，在它的上层形成一个淡水带，在这个区域内有丰富的鱼产和其他生物，黑海下层则是咸水带，这个咸水带不同于一般海洋下层有海流相通，而是呈停滞状态，因而形成了特殊的"无氧"环境。理论上，在这种无氧环境下几乎不可能有生物存在，所以任何物品、沉船甚至人体遗骸一旦下沉到这个水域，就好像被扔进一个真空储物柜一样，永远不会腐烂。按圣经所载，方舟是用"歌斐木"造的，假如方舟最后落到黑海海底，那么它可能完好如初。然而，迄今为止，还没有人在黑海海底发现方舟，这种说法也只是一种推测。

2010年4月28日，一支由香港人和土耳其人组成的探索队在北京宣布，他们日前在土耳其东部的亚拉腊山海拔超过4000米处发现了诺亚方舟遗迹，并成功进入巨型木结构的方舟内。探索队员还在方舟内发现了陶器、绳索以及类似种子的物体。这一发现引起了土耳其政府官员的高度重视。探险队称，他们已对遗迹进行了碳元素鉴定。结果证明此次发现的遗迹可溯至4800年前，这个时间也正是《圣经》、《古兰经》中所提诺亚方舟的年代。

参与此次探索的荷兰著名方舟探索家格力特-艾顿介绍说，这次发现的诺亚方舟遗迹，有非常多的细节与历史记载吻合：高度超过4000米、方舟在山上是轻微倾斜、而且是棕红色的木头、长度较大的长方形结构。艾顿称，已有大量的证据表明，这个木结构就是《圣经》、《古兰经》中记载的诺亚方舟遗迹。

土耳其亚勒省文化局局长木辛-布卢表示，两千多年以来，历史记载及目击者证据都指出，有一艘古老的大船避过洪水而停泊于朱迪山上，人们相信那是诺亚方舟。而这次探险队发现的这个长方形木结构，以及初步的科学研究，认为这就是历史记载中的诺亚方舟遗迹。

这个方舟共有7个空间，最大的空间高5米、长10米。方舟共分上中下三层，里面还有数个隔间，其中一间带有木杆围栏和一些绳索，可能是诺亚用来圈养动物的。探险队成员在接受腾讯科技专访时称，可以99.9%的肯定，他们所发现的遗迹就是当年的诺亚方舟。

但这种说法也受到英国牛津大学古代史讲师尼古拉斯·普塞尔质疑，他说："如果公元前2800年欧亚大陆已被3000多米深的洪水所覆盖，在那之前已存在数个世纪的埃及和美索不达米亚文明如何可以生存？"

2010年5月1日有一位叫Randall Price 的宗教教授认为影音使团所宣称的有关发现是伪造的（this is all reported to be a fake）。他的电邮指出，相片全是在黑海某地拍摄，而且，在2008年夏天有10名库尔德人告诉他，一名中国人委聘的向导，聘请他们把黑海附近的木梁搬到阿勒山山洞。

究竟有没有诺亚方舟？如果有，究竟还有没有遗骸？其遗骸又到底在哪里？迄今为止，这些问题仍没有得到确切的回答。然而，人类探索的脚步还在继续。

3. 现在版的诺亚方舟 (Modern Versions of the Ark)

探索正版方舟的脚步还在继续，为了人类的未来，各国修建的仿品也层出不穷。

2006年，挪威在靠近北极的岛上花费494万美元修建了一艘冷冻的"诺亚方舟"，用来保护世界上各种谷物的种子。相关官员说，这个方舟将储备300万种不同的种子，包括大米、小麦、大麦、水果和蔬菜，成为世界其它地方种子库在北极地区的备份。

挪威版方舟不容易受到核武器或人类灭绝的影响，种子会被保存在-18℃以下，如果人类消失，这些种子就永远冻在这个大型"冰箱"里。

国际组织也没闲着。2007年，绿色和平组织在土耳其亚拉腊山举行仪式，宣布袖珍版"诺亚方舟"建设工程顺利完成。该"诺亚方舟"并不是真的用来存放种子或供人类居住，而只是借此来敦促人类立即采取行动，防止全球继续变暖。

除了肩负重大使命的各国版方舟，也有一艘"诺亚方舟"的出生只是为了被观赏。因此，一睹方舟的风采也不是什么难事。

荷兰小镇斯哈亨居民约翰·惠博斯为验证《圣经·创世纪》中"诺亚方舟"的真实性，自己动手建造了一艘"诺亚方舟"。

从2005年5月开始，惠博斯使用雪松和松木手工打造方舟。按照《圣经》的度量方式和比例，惠博斯建造的船长宽高分别为70米、9.5米和13.5米，相当于三分之二个足球场长、3层楼那么高。而这才只有《圣经》所描述的"正版"诺亚方舟的五分之一。

惠博斯的"诺亚方舟"在忠于原版的基础上，又增加了一些现代元素。船体一侧是一座可开闭的大型吊桥，直通三层船体的第二层，动物们就"住"在那里。第一层和第三层都有楼梯通向展览，甲板顶层建有一个小房间供应饮料，外面是个小动物园。在船的附近，惠博斯设计建造了一个能容纳50人的电影院，前来参观的孩子可以在那里观看迪斯尼公司制作的电影《幻想曲》片断，从而了解有关诺亚方舟的故事。

根据惠博斯的设计，这艘木船添加了钢制船架，能够真正用于航行。惠博斯曾计划将他的"诺亚方舟"驶到比利时和德国的几个主要城市。惠博斯说，他并不担心《圣经》中所描述的洪水灾难再次降临，而担心美国新奥尔良飓风引发的洪灾等自然灾害是"世界末日"的征兆。对于低地国家荷兰来说，全球变暖引发的海平面上升完全有可能让"诺亚方舟"中的洪水成为现实[17]。目前，这艘船就停靠在荷兰北部小镇斯哈亨的河岸边，船长计划沿荷

[17] http://www.sznews.com/news/content/2007-04/30/content_1091669.htm

兰内陆游历几大城市后，还要去比利时和德国看看。斯哈亨距首都阿姆斯特丹约45公里，这里还有着大片的郁金香花海，好似童话梦境。

法国建筑师设计了一艘"海上诺亚方舟"，它犹如一朵巨大的百合花盛开在海面上，可同时供5万人居住。

法国版方舟可以随不同季节的洋流变化从赤道漂流到南极或北极，每年都在两极之间的海洋中悠然行驶。船上设施几乎应有尽有，比如世界上最大的海上体育馆、剧院、医院、公园、高尔夫球场等，"海上居民"绝对不会感到寂寞。

而且，船中央将建一个巨大的湖泊，它被三座"人造山脉"环绕，让居民时刻都能享受"湖光山色"。而船体下面还将养育大量海洋浮游生物和植物，它们可以作为物种保存下来，同时还可以充分吸收分解二氧化碳和废弃垃圾。人类可以在这艘生态船上永远生活下去。

如果地球毁灭，数万年文明湮没在茫茫宇宙中，那该多么可惜！欧洲航天局曾计划在月球上打造一艘末日方舟，把地球上重要的生物和人类文明储存在里面。当地球遭遇灭顶之灾时，它将担负起传承文明的重任。

这个资料库包括储存人类知识的硬盘，比如DNA序列、冶金说明和种植庄稼的知识等信息。这些硬盘会被深埋在月球地下的地窖里，地窖里还将包括一些天然物质，例如微生物、动物晶胚和植物种子等，甚至博物馆里的文物。

一旦地球面临被小行星或核战摧毁的危险时，它就会被激活。科学家希望能在2020年之前，把第一批试验性数据库送上月球，它的保存寿命是30年。完整的人类文明数据库将在2035年发射升空，这些信息有阿拉伯语、汉语、英语、法语、俄语和西班牙语等多种版本。

在此之前，科学家要先确定有机体是否能在月球上存活。作为这项试验的第一步，欧洲航天局的科学家希望，未来10年内能在月球上成功种植郁金香。

就像科幻小说里描写的那样，这艘月球上的方舟会持续向地球上的接收器发送信号。假如灾难过后，地球上的接收器被毁灭，方舟也会继续向宇宙发送信号，等待存活下来的人类重新制造出接收器。

或者，那时人类已经灭亡，那就等待其它智能生命捕捉到来自月球的"地球遗产"，并将地球文明或传承或研究吧。

4. 现世感悟 (Thoughts Inspired)

《圣经》上说，上帝是因为看到人类罪恶深重，心思邪恶而后悔造了人类，所以决定要制造一场大洪水，毁灭性的惩罚人类，唯留下在上帝眼中是"义人"的诺亚一家以及地上各种动植物种子，以便不绝种。经文上的具体内容的真实性，我们无从得知，但是根据科学家们的考古发现和大量的民间传说，人间的确遭受过毁灭性的大洪水的侵袭，其原因究竟是地球内部的剧烈运动还是外部力量的侵袭，也很难判断。但是，从这段神话般的经文中，我们至少应该明白两点，第一，地球是我们人类赖以生存的家园，一旦地球受到毁灭性的伤害，在我们还未找到另一个可以到达而又可供人类生存的星球之前，我们人类也就无处安身，无法生存。第二，人类有着惩恶扬善的追求和愿望。因为，按照马克思主义的观点，是人创造了神，而不是神创造了人，神的形象是远古的人们幻想出来的，神所具有的品质和他对人类的管理也人类的一种理想。与其说是神厌倦了地上的邪恶，倒不如说是人类认识到了自身的邪恶，于是就把他们无法理解的灭世性大洪水事件赋予了神秘的解释，说是神对人类邪恶的惩罚。其实，人性的邪恶如果不得到净化，任其发展，也还可能会造成人类自己毁灭自己，乃至整个地球的恶果。随着核武器以及其他大规模杀伤性高科技武器的不断研制成功，如果真发生第三次世界大战，在战争中，一旦失去理智，整个世界的毁灭就不是杞人忧天，而很可能是一种现实。所以，为了使人类不致遭受毁灭性的打击，一方面，我们要加大环境保护的力度，不仅仅是某个地区，某个国家的责任，而是全世界人类的共同责任，也必须是全人类携手努力才能取得最佳效果。另一方面，我们要不断提高全人类的素质，加强沟通和交流，用对话和协商解决矛盾、分歧，用和平取代暴力。

5. 相关文艺创作 (Literary Creation Related)

诺亚方舟的圣经故事不仅引领了许多科学家去探索和研究，而且成为了世界各地的文学艺术创作的一种素材，为艺术家们带来了创作灵感。这里仅列举若干以《诺亚方舟》命名的作品，其中有小说、影视作品，电子游戏，也有歌曲。

影视,小说

2004年叶迷的言情小说《诺亚方舟》问世。

2004-2005美国有限频道播出同志连续剧《诺亚方舟》(Noah's Arc)，故事以四个非裔美国同志好友间的故事为主轴，企图藉此扩大探讨黑色族群的喜怒哀乐，以及身为同志的生活及压力，是第一部以黑人同志为主角的连续剧。Noah's Arc翻译成《诺亚方舟》，具有其独特的意义。导演想突显出黑色同志族群更深层的喜怒哀乐，试图绽放他们内在、周遭，以及对生活挑战的各式想法与彩虹般的活力。而彩虹，正是神向诺亚承诺，不会再以大洪水作对世人惩罚的约定象征。

2007年阿根廷出现了动画版的《诺亚方舟》（Noahs Ark），这部动画以喜剧形式来演译这个著名的《圣经》故事，除了讲述预言者诺亚一家人的事迹，还描述了船上动物之间的明争暗斗。

2008年美国黑人喜剧电影《诺亚方舟——婚礼大斗阵》（Noah's Arc: Jumping the Broom）出炉。影片讲述了两个黑人家庭在一个葡萄园相聚，他们打算在一周的时间内筹备一场婚礼，但没想到的是，在筹备的过程中闹出了许多意想不到的笑话。

2012年9月中国芭尚文化传媒投资拍摄的《芥末90》三部曲之《诺亚方舟》于酷6首映，短短数日，其网络观影人数突破百万。《诺亚方舟》讲述富二代女孩陈果儿，缺少来自父母的关爱，过着放荡不羁的生活。经历过亲情、友情、爱情重重打击后，对生活失去信心，就在她万念俱灰的那一瞬间，被一个渔夫简单朴实的话语点醒，顿时豁然开朗，开始了新生活……2012有"世界末日"之说，当我们细细品评《诺亚方舟》中的故事情节时，会发现其中包含着很多耐人寻味的哲理，那是来自我们内心深处的召唤，也是对末日情结的抛弃。

电子游戏

日本动漫名侦探柯南中的一个电脑程序也叫《诺亚方舟》，由泽田弘树10岁时开发。

手机游戏《诺亚方舟》考验你的记忆力，记住各种动物的顺序，成功的把他们配对翻出来。

个人电脑消除游戏《诺亚方舟》，有三种模式，前两种模式和四川省麻将差不多，也就是配对子，第三种模式和宝石迷阵相似。在玩游戏时，玩家会发现洪水愈涨愈高，在画面左侧的诺亚也一再后退，并露出忧虑的表情，再加上不时传出的打雷声，营造出一股紧张的气氛，让玩家也有一股压力，也带有使命感，一定要把所有动物送到方舟上。而且各种动物在被玩家送到船上时，都会发出动物的吼叫声，各式各样的动物都有不同的声音。

歌曲

有许多名为《诺亚方舟》的歌曲，在此仅列几首比较出名的。2000年，张国荣谱写了歌曲《诺亚方舟》，作为香港作曲家与作词家协会举办的"金帆音乐大奖"颁奖典礼的主题曲。这首歌曲充分展现了金帆奖的意义与气魄，旋律壮丽优美。

　　五月天2011最新专辑《作品8号》中的一首歌曲也命名为《诺亚方舟》，玛莎作曲，阿信填词。这次专辑以传说中2012世界末日的人性探讨为假设主题，因此在创作录音过程中一派悲观、一派乐观的两极情绪不断辩论与斗争，甚至在同一张专辑同时出现。号称五月天出道以来"最纯情的情歌"与"最黑暗的摇滚"两首极端作品对决。

　　还有幼儿歌曲《诺亚方舟》。歌词如下：

Rise and shine, and give God the glory, glory!
（将所有的荣耀都给上帝！）
Rise and shine, and give God the glory, glory!
（将所有的荣耀都给上帝！）
Rise and shine, and give God the glory, glory!
（将所有的荣耀都给上帝！）
Children of the Lord.（上帝之子。）
The Lord said, "Noah, there's gonna be a floody, floody."
（上帝说："诺亚，一场洪水即将来临。"）
Lord said, "Noah, there's gonna be a floody, floody."
（上帝说："诺亚，一场洪水即将来临。"）
"Get your children out of the muddy, muddy."
（"把你的孩子带出那片泥泞的土地"）
Children of the Lord.（上帝之子。）
So, Noah, he went out,（所以诺亚赶快离开，）
And he built an arky, arky.（建了一条大船。）
Noah, he went out, and he built an arky, arky.
（所以诺亚赶快离开，建了一条大船。）
Made it out of hickory barky, barky,
（用胡桃树皮建了一条大船，）
Children of the Lord.（上帝之子。）

　　歌词中的造船材料与《圣经》记录的有出入，这是儿歌为了达到押韵的效果而造成的。

第七章 灭世大洪水

The Flood (GENESIS 7)

7 The LORD then said to Noah, "Go into the ark, you and your whole family, because I have found you **righteous** in this generation. ² Take with you seven pairs of every kind of clean animal, a male and its mate, and one pair of every kind of unclean animal, a male and its mate, ³ and also seven pairs of every kind of bird, male and female, to keep their various kinds alive throughout the earth. ⁴ Seven days from now I will send rain on the earth for forty days and forty nights, and I will wipe from the face of the earth every living creature I have made."

⁵ And Noah did all that the LORD commanded him.

⁶ Noah was six hundred years old when the floodwaters came on the earth. ⁷ And Noah and his sons and his wife and his sons' wives entered the ark to escape the waters of the flood. ⁸ Pairs of clean and unclean animals, of birds and of all creatures that move along the ground, ⁹ male and female, came to Noah and entered the ark, as God had commanded Noah. ¹⁰ And after the seven days the floodwaters came on the earth.

¹¹ In the six hundredth year of Noah's life, on the seventeenth day of the second month—on that day all the springs of the great deep burst forth, and the **floodgates** of the heavens

were opened. ¹² And rain fell on the earth forty days and forty nights.

¹³ On that very day Noah and his sons, Shem, Ham and Japheth, together with his wife and the wives of his three sons, entered the ark. ¹⁴ They had with them every wild animal according to its kind, all livestock according to their kinds, every creature that moves along the ground according to its kind and every bird according to its kind, everything with wings. ¹⁵ Pairs of all creatures that have the breath of life in them came to Noah and entered the ark. ¹⁶ The animals going in were male and female of every living thing, as God had commanded Noah. Then the LORD shut him in.

¹⁷ For forty days the flood kept coming on the earth, and as the waters increased they lifted the ark high above the earth. ¹⁸ The waters rose and increased greatly on the earth, and the ark floated on the surface of the water. ¹⁹ They rose greatly on the earth, and all the high mountains under the entire heavens were covered. ²⁰ The waters rose and covered the mountains to a depth of more than fifteen cubits.²¹ Every living thing that moved on land perished—birds, livestock, wild animals, all the creatures that **swarm** over the earth, and all mankind. ²² Everything on dry land that had the breath of life in its nostrils died. ²³ Every living thing on the face of the earth was wiped out; people and animals and the creatures that move along the ground and the birds were wiped from the earth.Only Noah was left, and those with him in the ark.

²⁴ The waters flooded the earth for a hundred and fifty days.

大洪水 (创世记7)

7 耶和华对挪亚说：“你和你的全家都要进入方舟，因为在这世代中，我见你在我面前是义人。2.凡洁净的畜类，你要带七公七母；不洁净的畜类，你要带一公一母；3.空中的飞鸟，也要带七公七母，可以留种，活在世界上。4.因为再过七天，我要降下四十昼夜的雨在地上，把我所造的各种活物都从地上除灭。"

5. 挪亚就按照耶和华所吩咐的做了。

6. 当洪水在地上泛滥的时候，挪亚整六百岁。7.挪亚就同他的妻子、儿子们和儿媳妇们，都进入方舟，躲避洪水。8.洁净的畜类和不洁净的畜类，飞鸟和地上一切的昆虫，9.都是一对一对的，有公有母，都随挪亚进入方舟，正如神所吩咐挪亚的。10.过了那七天，洪水泛滥在地上。

11. 当挪亚六百岁，二月十七日那一天，地球最深处的所有泉源都裂开了，天上的窗户也敞开了。12.四十昼夜的大雨倾注到在地上。

13. 就在同一天，挪亚和他三个儿子闪，含，雅弗，以及挪亚的妻子和三个儿媳妇，都进入方舟。14.他们和各种野兽、各种牲畜、各种爬行在地上的昆虫、各种鸟类，都进了方舟。15.凡有血肉，有气息的活物，都一对一对的到挪亚那里，进入方舟。16.凡有血肉进入方舟的，都是有公有母，正如神所吩咐挪亚的。耶和华就把他关在方舟里。

17. 洪水在地上泛滥四十天，水往上长，把方舟从地上漂起。18.水势浩大，迅猛上涨，方舟在水面上漂来漂去。19.水势在地上极其浩大，天下的高山都被淹没了。20.水势比山高过十五肘，山岭都被淹没了。21.在地上有血肉的所有动物——飞鸟、牲畜、走兽，和爬在地上的昆虫，以及所有的人都死了；22.凡在旱地上，鼻孔有气息的生灵都死了；23.凡地上各类的活物，连人带牲畜]昆虫，以及空中的飞鸟，都从地上除灭了，只留下挪亚和那些与他同在方舟里的。

24. 水势浩大，在地上共一百五十天。

鉴析篇 (Appreciation and Analysis)

I. 语言点拨 (Vocabulary)

righteous *adj* 1. doing what is morally right; obeying the law:正直的, 守法的: *the righteous and the wicked*; good and bad people. 正直的人和邪恶的人。

2. morally justifiable. 正当的; 正义的: *righteous anger.* 义愤。*Everyone admires his spirit of doing boldly what is righteous.* 人人都赞美他这种见义勇为的精神。

righteously *adv* **righteousness** *n*

floodgate *n* something that restrains a flood or outpouring (in a river or lake) (江河或湖泊) 的防洪闸, (泄) 水闸门: *The floodgate was closed to control the flow of water.* 为了控制水流, 防洪闸门关闭了。*The discussion sessions allow people to open the floodgates to their deepest fears.* 这些讨论会使人们尽情倾诉心中的恐惧。

swarm *vi* 1. to move in large numbers, be teeming, 成群的涌动: *People swarmed to the Abbey to watch the table dances on Saturday night.* 周六晚上, 大量人群涌向艾比酒吧观看脱衣舞表演。*A dark cloud of bees comes swarming out of the hive.* 黑压压的一大群蜜蜂从蜂巢中飞出来。

2. to be full of people moving in a busy way, 挤满, 聚集: *At Middle night, the Abbey was swarming with young people seeking excitement.* 午夜, 艾比酒吧挤满了寻求刺激的青年男女。

n large group of 一大群: *Swarms of tourists keep coming to and going from the beaches and the Holley Wood.* 不断有成群的游客在那些海滩与好莱坞之间来来往往。

2. 追根溯源-大洪水的考证 (The Authenticity of the Great Flood)

这一段描写的是洪水灭世的故事，在这次下了整整四十昼夜大雨，洪水淹没大地整整一年的灾难中，仅有进入方舟的诺亚一家及飞禽走兽和植物种子得以幸存。对于历史上是否真的发生过如此大得足以灭世的洪水这一点，迄今仍未能得到定论。

灭世洪水的传说 (Different Versions of Great Flood in the World)

但是，世界上很多文化中都流传着关于大洪水的故事。巴比伦的《吉尔伽美什史诗》中表示，诸神因为人类吵得他们睡不着，才生气地制造了大洪水，并告诉吉尔伽美什的祖先造一艘船，带上家人和牲畜。像挪亚的故事一样，只有方舟中的一切得以幸存。公元前3500年前出版的苏美尔资料中这样写到："那种情形恐怖得让人难以接受，风在空中可怕的呼叫者，大家都在拼命的逃跑，向山上逃去什么都不顾了。每个人都以为战争开始了……"

在古文化研究中有一本很著名的古文书--《波波卡-吴夫》，书中是这样记载的："大洪水来了，天地变得一片漆黑，还有黑色的雨，不停的下。人们拼命的跑……但还是被灭绝了"

英国的民族学家弗雷泽曾指出：在北美洲、中美洲、南美洲的130多个印第安种族中，没有一个种族没有以大洪水为主题的神话。事实上，记录大洪水的并不限于美洲的印第安人，在世界各大陆上生活的民族中几乎都有关于大洪水的记载。

在中国有女娲补天的故事：传说当人类繁衍起来后，忽然水神共工和火神祝融打起仗来，他们从天上一直打到地下，闹得到处不宁，结果祝融打胜了，但败了的共工不服，一怒之下，把头撞向不周山。不周山崩裂了，撑支天地之间的大柱断折了，天倒下了半边，出现了一个大窟窿，地也陷成一道道大裂纹，山林烧起了大火，洪水从地底下喷涌出来，龙蛇猛兽也出来吞食人民。人类面临着空前大灾难。

女娲目睹人类遭到如此奇祸，感到无比痛苦，于是决心补天，以终止这场灾难。她选用各种各样的五色石子，架起火将它们熔化成浆，用这种石浆将残缺的天窟窿填好，随后又斩下一只大龟的四脚，当作四根柱子把倒塌的半边天支起来。女娲还擒杀了残害人民的黑龙，刹住了龙蛇的嚣张气焰。最后为了堵住洪水不再漫流，女娲还收集了大量芦草，把它们烧成灰，埋塞向四处铺开的洪流。

经过女娲一番辛劳整治，苍天总算补上了，地填平了，水止住了，龙蛇猛兽金欠迹了，人民又重新过着安乐的生活。但是这场特大的灾祸毕竟留下了痕迹。从此天还是有些向西北倾斜，因此太阳、月亮和众星晨都很自然地归向西方，又因为地向东南倾斜，所以一切江河都往那里汇流。

另外，中国西南地区有一则关于伏羲的著名传说：在很久以前，山里住着一户人家，父亲操劳着农活，一双儿女无忧无虑地玩耍。有一天，雷公发了怒，威临人间，要给人类降下大的灾难。天上乌云滚滚，暴雷一个接着一个，大雨像一条条鞭子，疯狂抽打着山川。随着一条金蛇般的闪电和一声惊天动地的巨响，青面撩牙的雷公手持大斧从天上飞了下来。勇敢的父亲毫不畏惧，用虎叉向他叉去，正中雷公腰部，把他叉进了一个大铁笼子里。

第二天，父亲要到集市上买点香料，临走嘱咐两个孩子说："记着，千万不要给他喝水。"狡猾的雷公用装病欺骗了善良的小女孩，得到了几滴水，恢复了神力，挣脱了牢笼。为了感谢小女孩，雷公从嘴里拔下了一颗牙齿，交给两个孩子说："赶快种在土里，父亲从集市上回来，得知雷公已去，知道大祸就要临头，赶快备好木料，连夜赶造木船。两个孩子把雷公的牙种到土里，转眼间就结出了一个巨大的葫芦。两个孩子拿来刀锯，锯开了葫芦，挖出里面的瓤，钻了进去。这时，倾盆大雨从天而降，地底下也喷出了洪水，天神们害怕大水会最终淹没天国，所以让雷公赶快退水。大洪水来得快，退得也快，一下子就退到了海里，坐着船的父亲从空中摔下来给摔死了，只有两个小孩幸存活下来。哥哥叫伏羲哥，女孩叫伏羲妹。长大以后，他俩结婚做了夫妻，人类这才又重新开始繁衍。这则神话传说直接记载了大洪水的暴发经过和毁灭整个人类的严重后果。

蒙古族故事《天宫大战》中就有洪水造民的记载；《老爷岭》中也有洪水毁灭人类，仅剩下一个少年被洪水冲到了山坡上，后来因为救了母鹿而与母鹿成婚育子的记载。

满族的婚俗中也有一个传说，说九天女与渔郎婚配产下后代，而这些子女又在大洪水中统统被淹死了。

当然，中国关于大洪水的记载远不止这些。

《淮南子. 览冥训》曰："往古之时，四极废，九州岛岛裂，天不兼覆，地不周载，火蚴炎而不灭，水浩洋而不息。"洪兴注曰："凡洪水渊薮自三百仞以上。"

《尚书. 尧典》记载说："汤汤洪水方割，荡荡怀山襄陵，浩浩滔天。"

《山海经. 海内经》记载说："洪水滔天。""鲧窃帝之息壤以湮洪水。"

《楚辞. 天问》曰："洪泉极深，何以填之？地方九则，何以坟之？"

《孟子. 滕文公》记载说："当尧之时，天下犹未平，洪水横流，泛滥于天下。""当尧之时，水逆行，泛滥于中国。蛇龙居之，民无所定，下者为巢，上者为营穴。"

印度有一则传说，有一个名叫摩奴的苦行僧在恒河沐浴时，无意当中救下一条正被大鱼追吃的小鱼，他将这条小鱼救回家，放到水池中养大，又送回恒河里。小鱼告诉他，今夏洪水泛滥，将毁灭一切生物，让摩奴做好准备，到洪水泛滥时，小鱼又拖着摩奴的大船到安全的地方。此后摩奴的子孙繁衍成了印度人的始祖，而《摩奴法典》一书也由他传了下来。

在世界上任何一个有足够时间跨度的民族历史和传说中，都有着惊人相似的"大洪水"的传说。全世界已知的关于大洪水的传说有600多则。而且在传说中的时间、地点、人物、内容都有着许多相似之处，因此可以推断：

一、大洪水确实发生过，大致的时间是公元前8000年到14000年之间；二、一种巨大的能量的突然作用，导致了这次"史前大洪水"或者更确切的说，是"史前全球性海漫事故"。而如此巨大的能量，目前看，应当而且只能来自于我们的星球之外。三、这次"史前大洪水"造成了一个史前文化断层，就像我们传说中消失的"亚特兰第斯"。

而且，考古学家从化石中得到了大量的有关上古时期突发大洪水的证明。

化石的证据 (Fossil Evidence)

按今日的观察，生物死后会分解腐化，不会由有机物(指生物)变成石头。例如，一条鱼在水中死了，很快就会浮上水面，然后一点一点地分解腐化，不会变成化石而留下不灭的痕迹。一头动物在陆地上死了，不是被其他动物吃掉，就是很快的腐化。枯萎的植物，叶子和茎，甚至整棵树都会迅速地分解腐化。那么在过去，化石是如何形成呢？

最合理的解释就是这些生物被突发性灾难所产生的大量物质迅速堆积掩埋，在没有暴露出来让天然腐化，食腐肉动物(如秃鹰)吃掉，或自然分解的情况下，才能变成化石。所以迅速地埋葬，极端的高温和高压，是将生物变成化石的重要因素。世界各地的化石床，都显明在各岩层所出现的每种生物(包括动植物)，都是在还活着的时候，忽然被突发性的灾难所毁灭。这就否定了进化论者所说的自然死去和逐渐被掩埋的情况，下面列出了种种例证[18]：

---

[18] http://www.malaccagospelhall.org.my/science/science4.htm

1. 鱼的化石 (Fish Fossil)

在世界各处已发现数千种不同, 保存完好的鱼骨化石, 为了解释水中生物化石出现的地区为何今日没有水, 一些地质学家就假设说, 经过几百万年的时间, 大地逐渐下沉至海平面以下, 于是海水淹没大地; 过后, 又经过数百万年, 这大地又上升到海平面之上, 于是就剩下已死的海洋生物。倾向进化论的地质学家更声称这些生物被天然冲积逐渐掩盖, 这种解释充满疑点。许多海洋生物的化石既精细又复杂, 要保存如此精细的部分, 时间必须短促; 事实上, 世界各地有数不尽的化石, 都显示它们是在几秒内, 由可怕的灾难突然临到而死去的。例如一个包括苏格兰半个国家, 名叫红沙石的地区, 覆盖面大约1万平方里, 地层超过150尺厚。它被称为海洋坟场, 因为这里充斥着上千个不同的地点, 都显示曾遭受毁坏的面目。在那里发现的鱼化石已经被扭歪成不正常的形状, 很多鱼的鱼尾被弯到鱼头, 脊椎骨也穿刺出来, 显示它们不是自然的死去。

在意大利北部也发现相同的情形, 那里的证据显明大量的鱼突然死亡。在石灰页岩层中发现了几千块鱼骨化石。许多鱼骨架完整而紧密地挤在一起。不少化石还遗留着它们外皮颜色的痕迹, 那些颜色都渗注到周围的物质里, 这更证明沉积物在它们细软的组织被分解腐化前, 就堆积起来。所以这些鱼必是突然且快速地被沉积物所掩盖, 而非经过几百万年的逐渐掩埋。

2. 蚌的化石 (Clam Fossils)

蚌死亡后, 两片贝壳在几小时内就开始张开或脱离。但在世界各地所发现的无数蚌化石, 蚌壳都是合闭的。这证明它们还是活着的时候就被掩埋了。例如在加拿大阿尔伯达省的哈柯克(Halkirk)附近, 发现完好的蚌壳化石, 都是合闭的, 表明蚌化石的形成是在很短的时间内发生的。

这种蚌化石许多都是埋在铁石层中, 显然是这些蚌是在烈热熔融的铁石流过时死亡的。在其他地点, 百万以上的海洋生物因岩浆流到海底而保存在熔岩中。圣经中挪亚洪水的记载正好说明这事如何发生。当"大渊的泉源"裂开时, 全球都有火山烧爆发, 包括陆地和海底。

3. 鲨鱼的化石 (Shark Fossils)

在俄亥俄(Ohio)岩层内所发现的一些鲨鱼化石, 证明海洋生物是被瞬间掩埋的。在几百尺厚的地层中发现了许多不同大小的鲨鱼化石, 它们的肚皮都是向下的, 这显示它们是在活着时, 正在游泳的时候被掩埋了。泥土的重量积压在它们的上面, 以致它们被发现时, 是被挤压成为四分一寸或更薄的厚度。这种情况不可能是经过一段很长的时间逐渐形成的。只有圣经所记全球性洪水那样的事件，才能合理适切地解释这些可见的证据。

4. 石化木和树叶的印痕
(The Petrified Wood and Imprints of Leaves)

一块块的木头由有机物质(指生物)变为石头，一般称为石化木。若检验这些石化木，往往会发现一些细微的结构，如年轮。这种石化的过程被地质学家称为不解之谜，因为他们无法明白为何过去会发生石化，而今日却不会。他们更不了解为何柔软的植物组织，如树叶也会石化。在所找到的化石记录中，有很多树叶化石的例证，且展示叶脉的细微和细胞的结构。

在加拿大阿尔伯达省的庄姆海勒(Drumheller)发现丰富的化石，显示动物和植物的微软组织被完好的保存。庄姆海勒的地床是火山灰和泥土混合岩层，当中夹以煤灰层。进化论者相信这些地层表明经过几百万年的时间而堆积成的岩层，这地区已成为世界著名的恐龙遗体化石地区。庄姆海勒许多岩层中散布着石化的树、海洋生物、蚌类和木块。此外，整个岩层中都可以发现许多铁石质的结块。这些结块中几乎都包藏着一些石化了的植物。

传统的地质学理论认为，这些铁石结块是经过长时间，由微小的铁粒子逐渐移动聚集而成的。可是，若检验铁石质，就会发现完整的树叶印迹，木块和其他植物组织都保存下来。在这个地点我们看到一块铁石，上面有非常完整的蜻蜓翅膀印痕。显然，要保存这样精细微小的组织，绝不是像均变说(uniformitarianism)地质学家所言，要经过很长的时间。有关铁石的出现，突发性的大规模灾难成为更合理的解释。在毁灭性的洪水时期，火山灰泥因海啸而沉淀下来，烫热熔化的铁矿物质从天而降，落在有机物质上，就留下所触及的物质之印痕，或者把这有机物变成非有机物了(即生物变成化石)。

5. 石化树和石化树林 (Petrochemical Tree and Fossil Woods)

世界上有几个地方发现了整棵的石化树，例如在阿里桑那州(Arizona)的东北部的石化树林。这些石化树木有的超过200尺长，都是在几百尺深的火山灰泥堆积层中发现的，且通常紧紧地挤在一处。根据一般的解释，这个地方在几百万年前是河流经过的沼泽地。这些河流把它的沉淀物聚积起来，水流改变时就带动了沙泥和火山灰，从一处到另一处，很多树干、骨头、植物和动物的碎块，就逐渐地被掩埋形成化石。

不过这种理论无法充分解释可见的证据。今天河流造成的沉淀冲积，既不能营造形成化石所需的环境，也无法解释过去在这个地区发生的大灾难。这些石化树林区所见到的大量沉积火山灰泥，显明是来自一场比今日规模巨大得多的洪水和火山爆发。此外，在美国北部的黄石国家公园(YellowstoneNationalPark)的堆积岩层中，也发现了石化树木。这些树木曾经被火山角砾石敷盖而变成化石。今天在这个地区的树木，已经不能长得像石化树那么大了。总之，这些大树的毁坏，及形成化石的过程，显然是出于突发性和激烈性的灾难，而灭世的洪灾是最好的解释。

6. 多层面化石 (Multiple Levels of fossils)

另有证据显示，迅速急促的掩埋是导致这些树木变成化石的重要原因，因为这些挤在一起的石化树被发现藏在一个以上的地层中，这类的化石称为"多层面化石"。1975年8月号《国家地理杂志》第245页上，一篇名为"煤会不会成为将来的黑色金子"的报道中刊登过其图片。这相片展示一棵很大的树，紧密地挤在煤层缝中。这棵树继续向上延伸，穿过12尺的铁石层。传统的地质学解释，煤和铁石层是经过几百万年长时间逐层积压而成的。由于此树不可能活到几百万年，所以这棵树位于两个地层之内，便证明各层次的积压形成，是在极短的时间内(而非百万年)发生的。

在化石的记录中，我们发现大量动植物被冻结的情况，可证明它们确实是在瞬间因灾难而毁灭的。在阿拉斯加的费班克地区的冰雪和粪土中，发现了令人难以置信的大量冻结动物和植物。1940年代，在这个地区挖金矿的人们，在一哩长的冻结粪土中发现了几百种遭受突然毁灭的生物。麦高文(K.Macgowen)在其著作《在新世界中的早期人类》一书中第151页，发表了对此地冻结动物的观察和见解："这些动物的数量颇为惊人，它们在冰雪中杂乱的缠绕在一起，中间散夹着连根拔起的树木，它们似乎曾经被扯开，成为一块块的，或被分散过，然后在灾难下又凑在一起，皮肤、关节、毛发、肌肉仍然可以看到。"

还有，西伯利亚北部沿岸延伸至阿拉斯加，掩藏着百万以上哺乳类的遗体。这些哺乳类的骸骨，有的厚厚地挤在一起，成为土壤的主要成分；有的被埋在冰里；另外的则被冻结在地层的沉积中。检验这些大型动物的尸体，可以看出它们是被急促冻结的。它们胃里的食物还没有消化，嘴里还含着夏季的果菜如草类兰梅、金凤花等。这些巨兽被发现时，许多都残缺不全，或被撕成碎片，冻结在冰中。骆驼、羊、犀牛、野牛、马和狮子同样都挤在西伯利亚和阿拉斯加的冰层里。这压倒性的证据清楚地证实有一场令数以百万计动物死亡的大灾难。

7. 水陆动物混合的化石
(The Fossils of the Amphibious Animals Mixed)

在美国佛罗里达州的盖恩斯维尔(Gainsville,Florida)以西大约12哩的地方，是北美洲发掘化石最丰富的场地之一，即爱骨地层。科学家发掘的现场有120尺长，60尺宽，大约15尺深。从中挖出大约100万件化石，包括100种不同的脊椎动物。有些化石遗体紧密地挤在一起，有50%的沉积成分是骨质的。多种陆地和水中的动物混在一起。例如所发现的动物中，包括已绝种的鲨鱼、鲸和海牛，显示该处接近海水。但也有淡水鱼和动，如长嘴鱼、鳄鱼和乌龟，显示淡水亦存在。陆上的动物则有蛇、貘、大象、两种浣熊、两种犀牛、三种骆驼、四种狼、七种马等等。

古生物学家推测说，在900万年前，佛罗里达州周围的海平面比现今的高，导致盐水沼泽地带比今日的向内陆延伸多60里。一条淡水溪流徐徐地流进这个盐水沼泽地带，溪流两岸是散布淡水沼泽的树林。这爱骨地层应该是在河流的弯处，在那里，化石都沉积在静止的淡水中。然而，针对爱骨地层的化石发现，韦伯博士(Dr. David Wedd)在1981年《科学与机械》(Science and Mechanics)杂志特刊号第108至109页中说："…100种不同的脊椎动物…，能找到那么多的化石真是不可思议。所有骨骼集中一处是叫人难以置信的…"。脊椎动物大量集中被掩埋的情况，并非像进化论者所猜想的，出于自然或偶然。显然，全球性洪水的毁灭结果，是更合理的解释。

大量且多类的生物化石，也能在加利福尼亚州的拉布里亚(LaBrea)柏油坑中找到。此柏油坑是一个挖乾了的页岩石油层，由加州北部向南延伸450里。这地带蕴藏化石的冲积岩层，是水流造成的一种泥沙沉淀物质。这物质再与柏油、细沙和粗沙混在一起冲积成岩。在拉布里亚柏油坑的柏油层中已挖出100万件以上保存完好的化石。有熊、老虎、巨狼、骆马、骆驼、马、巨型树獭、野牛和雀鸟的残骸，还有散落的人类骨骼。

为何柏油坑中有以上种种的生物?有个理论是认为这些动物因为都在这里喝水，于是一起陷进油坑中，在焦油硬化时就被埋在此地。又说这些动物临死前发出绝望的吼叫声，把同一地区的其他动物也都吸引过来，接着也遭到了同样的命运。但这样的解释忽略了一点，就是在柏油坑内大部分的骨骼并非完整，而是破裂的断片，扭曲挤压地混在一起，可见是突发性的灾难所致，而不是理论所推测那样逐渐发生的。更为合理的解释可能是，这些不同的动物和人类，因为灾难性的洪水，并由天而降的柏油物质所聚积而被掩埋在一起，形成了现今柏油坑内的情景。

合理的结论 (Reasonable Conclusion)

总而言之，现今世上没有任何地方的任何事件，可以和以往那埋葬无数生命的洪水大灾难相比；今日也没有任何灾难，可以像过去般的把生物变成化石保存下来。在各个地层显示的数以百计的动植物的遗体，通常聚集在一起，恍如一个集体大坟场。全球性毁灭世界的大洪水，成为这些事物最合理的解释。

3. 现世启示 (Thoughts Inspired)

无论是《圣经》中所说的神为了惩罚人类的罪恶而造成了大洪水，还是因为自然的变化，亦或是宇宙能量的突变引起了地球上远古的灭世大洪水，有两点是可以肯定的，首先，人类要和谐相处，让正义、公平和博爱充斥于宇宙之间；其次，地球是人类赖以生存的家园，是人类的"母亲"，我们必须呵护。在追求经济发展的同时，必须要有长远的眼光，走可持续发展道路，时刻记住不能以破坏环境为代价来追求短期的利益。大地母亲为我们提供了我们所需的一切，但是我们不可以无止尽的攫取，而要像保护我们自己一样保护我们的环境，为我们的子孙后代留下一个更美的自然和人文环境——天人合一的和谐世界。

4. 相关文艺创作 (Literary Creation Related)

《圣经》中的任何一个章节，任何一个故事，都被多次引用，代代传讲，也引发了丰富多彩的文艺创作。本段有关大洪水的章节毫不例外，仅举几例。本章中的插图，就是许多有关大洪水的画作中的几幅经典作品。一个网名叫"醒来就别睡去"的人创作了网络长篇连载小说《灭世大洪水》。美国2004年制作的科幻灾难剧情电影《后天》(The Day after Tomorrow)，也有人译为《末日浩劫》，描述的就是由于人类对环境的破坏，造成了气候的骤变，引起了毁灭性的大洪水。2009年上映的美国制作的另一部灾难片《2012世界末日》(Farewell Atlantis)，说是根据玛雅文明的世界末日预言而制，而实际上玛雅人只是认为在2012年之后，世界会进入一个新纪元，这与世界末日并无太大关联。这部电影中的许多元素也借用了《圣经》中诺亚方舟与大洪水的故事，例如，影片末尾就是有一部分人乘坐一艘大船逃生。另外还有相关的歌曲和美术创作，有的是宗教性的，有的是纯艺术的。

灭世大洪水

女娲补天图

第八章 巴别塔

Babel (GENESIS 11)
The Tower of Babel

11 Now the whole world had one language and a common speech. ² As people moved eastward, they found a plain in Shinar and settled there.

³ They said to each other, "Come, let's make bricks and bake them thoroughly." They used brick instead of stone, and **tar** for **mortar**. ⁴ Then they said, "Come, let us build ourselves a city, with a tower that reaches to the heavens, so that we may make a name for ourselves; otherwise we will be **scattered** over the face of the whole earth."

⁵ But the LORD came down to see the city and the tower the people were building. ⁶ The LORD said, "If as one people speaking the same language they have begun to do this, then nothing they plan to do will be impossible for them. ⁷ Come, let us go down and confuse their language so they will not understand each other."

⁸ So the LORD scattered them from there over all the earth, and they stopped building the city. ⁹ That is why it was called **Babel**—because there the LORD confused the language of the whole world. From there the LORD scattered them over the face of the whole earth.

巴别塔 (创世纪11)

11 那时, 天下人的口音, 言语, 都是一样。2. 他们往东边迁移的时候, 在示拿地遇见一片平原, 就住在那里。

3. 他们彼此商量说:"来吧, 我们要作砖, 把砖烧透了。"他们就拿砖当石头, 又拿石漆当灰泥。4. 他们说:"来吧, 让我们建造一座城和一座塔, 塔顶通天, 让我们为自己立一个名, 免得我们分散到全世界。"

5. 耶和华降临, 要看看世人所建造的城和塔。6. 耶和华说:"看哪, 他们成为一样的人民, 都是一样的言语, 他们开始做这事: 现在, 他们想象着要做的任何事情都不能被阻止了。"7. "我们下去, 在那里变乱他们的口音, 使他们的言语彼此不通。"

8. 于是, 耶和华把他们从那里分散到世界各地。他们就停工, 不造那城了。9. 因为耶和华在那里变乱天下人的言语, 使众人分散在世界各地, 所以那城就名叫巴别 (注: 就是"变乱"的意思)。

鉴析篇 (Appreciation and Analysis)

I. 语言点拨 (Vocabulary)

tar *n* 1. pitch 沥青, 柏油 *The roof of the house was covered with tar.* 这房子的屋顶涂了沥青。

2. one of the poisonous substances contained in the tobacco, 焦油。*Cigarettes are filtered to reduced the amount of the tar consumed by smokers.* 香烟被加了过滤烟头以减少烟民吸入的焦油量。.

mortar *n* 1. (old form: **morter**) mixture of lime, sand and water used to hold bricks, stones, etc together in building. (古时词形: morter)（建筑时用以粘结砖、石等的）砂浆; 灰泥。

2. a bowl in which to crush things such as herbs, spices, or grain using a rod called a pestle. 研钵, 臼: *30 years ago, people in my village still used stone mortar to get white rice from the raw rice.* 三十年前我们村的人仍然在使用.石臼研磨稻谷获取大米。

3. a big gun which fires missiles high into the air over a short distance, 迫击炮: *The two sides exchanged fire with artillery, mortars and small arms.* 双方交火时动用了大炮、迫击炮和轻武器。

scatter *vi* 1. to cause to separate and go in different directions, 使分散, 散开: *A gun shot scattered the birds.* 一声枪响驱散了鸟群。*When the tree falls,the monkeys scatter.* 树倒猢狲散。

2. spread over, 散播: *She tore the flowers apart and scattered the pedals in the flowing river.* 她撕下花瓣撒在江中漂浮。

n **a scatter of** things, 散放的一堆东西: A scatter of books are on the ground. 地上满是四散的书籍。

babel *n* 1. **the Tower of Babel,** tower built to reach heaven. 巴别塔 (古代巴比伦建筑未成之通天塔)。

2. (*sing with indef art*) scene of noisy and confused talking: (单数与不定冠词连用) 闹哄哄的情景; 人声噪杂的地方: *What a babel!* 多么噪杂啊! *A babel of voices could be heard from the schoolroom.* 可以听见教室里一阵噪杂的声音。

2. 追根溯源: 历史上的巴别塔 (Truth Seeking---Babel in History)

在希伯来语中"巴别"是"变乱"的意思, 于是这座塔就称作"巴别塔"。也有人将"变乱"一词解释为"巴比伦", 称那座城叫"巴比伦城", 称那座塔叫"巴比伦塔"。而在巴比伦语中, "巴别"或"巴比伦"都是"神之门"的意思。同一词汇 ("巴别") 在两种语言里竟会意思截然相反, 着实令人费解。其实这是有缘由的。

公元前586年, 新巴比伦国王尼布甲尼撒二世灭掉犹太王国, 拆毁犹太人的圣城耶路撒冷, 烧毁圣殿, 将国王连同近万名臣民掳掠到巴比伦, 只留下少数最穷的人。这就是历史上著名的"巴比伦之囚"。犹太人在巴比伦多半沦为奴隶, 为尼布甲尼撒修建巴比伦城, 直到70年后波斯大帝居鲁士到来才拯救了他们。亡国为奴的仇恨使得犹太人刻骨铭心, 他们虽无力回天, 但却凭借自己的思想表达自己的愤怒。于是, 巴比伦人的"神之门"在犹太人眼里充满了罪恶, 遭到了诅咒。他们诅咒道: "沙漠里的野兽和岛上的野兽将住在那里, 猫头鹰要住在那里, 它将永远无人居住, 世世代代无人居住。"

事实上, "巴别"塔早在尼布甲尼撒及其父亲之前就已存在, 古巴比伦王国的几位国王都曾进行过整修工作。但外来征服者不断地将之摧毁。尼布甲尼撒之父那波博来萨建立了新巴比伦王国后, 也开始重建"巴别"通天塔, 他在铭文中写道: "巴比伦塔年久失修, 因此马尔杜克命我重建。他要我把塔基牢固地建在地界的胸膛上, 而尖顶要直插云霄。"但尼布甲尼撒之父只将塔建到15米高, 尼布甲尼撒自己则"加高塔身, 与天齐肩"。塔身的绝大部分和塔顶的马尔杜克神庙是尼布甲尼撒主持修建的。备受人称赞的"巴别塔"一般指的就是那波博来萨父子修建而成的那一座。

这座塔的规模十分宏大。公元前460年, 即塔建成150年后, 古希腊历史学家希罗多德游览巴比伦城时，对这座已经受损的塔仍是青睐有加。根据他的记载，通天塔建在许多层巨大的高台上，这些高台共有8层，愈高愈小，最上面的高台上建有马尔杜克神庙。墙的外沿建有螺旋形的阶梯，可以绕塔而上，直达塔顶；塔梯的中腰设有座位，可供歇息。塔基每边长大约90米，塔高约90米。据19世纪末期的考古学家科尔德维实际的测量和推算，塔基边长约96米，塔和庙的总高度也是约96米，两者相差无几。"巴别塔"是当时巴比伦国内最高的建筑，在国内的任何地方都能看到它，人们称它"通天塔"。考古学家和历史学家认为，巴别塔除了奉祀圣灵还有另外两个用途。其一是尼布甲尼撒二世借神的形象显示个人的荣耀和威严，以求永垂不朽。其二是讨好僧侣集团，换取他们的支持以便稳固江山。美索不达米亚是一个宗教盛行的地方，神庙林立，僧侣众多。僧侣不仅在意识形态上影响着人民，而且掌握着大量土地和财富，如果不在政治上得到他们的支持，恐怕王位也会风雨飘摇。这种忧虑不是多余的，据历史学家研究，尼布甲尼撒之后，新巴比伦王国迅速衰落，以致波斯人不费一兵一卒就占领了巴比伦城，这与失去僧侣集团的支持有莫大关系。

公元前1世纪的希腊历史学家认为，"巴别"塔是一个天象观测台。新巴比伦人信仰拜星教，星体就是神，在他们的神话中，马尔杜克是木星。新巴比伦王国的僧侣们神秘地登上塔顶，难道真的是侍奉半躺在床上的马尔杜克大神吗？对此希罗多德颇不以为然，现代学者更不相信，说不定正是他们半躺在床上观测天象呢！而且，人类早期的天文知识直接产生于宗教和巫术之中，掌握这些知识的多是僧侣。新巴比伦人取得了当时世界最杰出的天文学成就，这座塔的功劳恐怕不可抹杀。

也有人认为，"巴别塔"是多功能的。塔的底层是祭祀用的神庙，塔顶则是用于军事瞭望的哨所。

正是这座塔使得无数英雄为之倾倒。公元前539年波斯王居鲁士攻下巴比伦后，即被"巴别塔"的雄姿折服了。他不仅没有毁掉它，反而要求他的部下在他死后按照"巴别塔"的样子，在墓上建造一座小型的埃特门南基（埃特门南基是"巴别塔"的另一个名字，意为"天地的基本住所"）。然而，后来"巴别塔"终于毁掉了，波斯王薛西斯怨恨巴比伦人民的拼死反抗，恨屋及乌，下令彻底摧毁巴比伦城，"巴别塔"厄运难逃，变成一堆瓦砾。即使如此，以热爱文化名垂青史的亚历山大大帝还是爱慕它的雄姿。公元前331年，他远征印度时，特意来到了"巴别塔"前。他一度要修复这座传奇般的建筑，下令全部拆除旧塔，一座更加宏伟壮丽的神塔眼看着有救了。然而，这只是让人空欢喜而已。据说，此时，一只患有疟疾的蚊子叮了他一下，这位文治武功盖世的一代天骄于是一命呜呼，"巴别塔"也就备受冷落了。事实是，这项工程实在是太大了, 仅清理废塔就需要一万人工作两个月时间, 于是, 他只好打消了这个念头。几千年下来, 这座塔已变成了废墟, 真的应验了犹太人的诅咒。尽管如此, 几千年后的考古学家科尔德维见到它时, 仍由衷地发出了赞叹之声。科尔德维写道:"尽管遗迹如此残破, 但亲眼看到遗迹是绝非任何书面的描述可比的。通天塔硕大无比, 《旧约》中的犹太人把它看作人类骄傲的标志, 四面是僧侣们朝拜的豪华的殿堂, 许多宽敞的仓库, 连绵的白墙, 华丽的铜门、环绕的碉堡, 以及林立的一千座敌楼。当年这样壮丽豪迈的景象, 在整个巴比伦是无与伦比的。[19]"

3. 巴别塔的启示 (Lessons from the Babel)

神学家们对经文中巴别塔故事的解释是: 人并没有按神的意思分散全地, 反而要在示拿 (巴比伦) 建造一座通天塔, 为的是纪念人类自己, 而不是纪念神。我们可能也会为自己树立一些标记, 如贵重的衣饰、华丽的房子、名贵的汽车、伟大的工作等等, 叫别人留意我们的成就。这些事本身也许并不错, 但我们以这些东西来肯定自己的身分和价值时, 它们就会取代了神在我们生命中的位置。

耶和华审判人, 要变乱他们的口音, 也正是今天世界分成多国多语言的原因。巴别的意思是分乱, 即是人摒弃神, 或不按神的心意而结合的必然后果。神并不是嫉妒人团结起来作事, 而是要阻止人在错误的动机下为所欲为, 以免人铸成大错, 无可救药。神若不拦阻他们, 而让他们长此下去, 他们将来必然会为所欲为, 无恶不作了。

人类建塔为了显耀自己, 而不是荣耀神, 所以当神发现人类自高自傲、不可一日的时候, 神是发自爱心而不是嫉妒, 如果是为了荣耀神, 也许人类的命运不是这样。圣经上 (歌林多前书10:31) 教导信徒: 所以你们或吃或喝, 无论作什么, 都要荣耀神而行。假如, 人类当初建造的巴别塔目的是为了荣耀上帝, 也许就不会有巴别塔的变乱。

当然, 在我们今天看来, 这也许只是犹太人根据巴比伦城的某些资料而编造的一个神话故事, 但是这个故事也给了我们很多启示:

1. 个人的能力是有限的, 集体的力量是无限的。建造巴别塔就是群体智慧和能力的体现。当人们团结起来时的力量就连"神"都感到害怕:"耶和华说, 看哪, 他们成为一样的人民, 都是一样的言语, 如今既做起这事来, 以后他们所要做的事就没有不成就的了。"人类社会如果没有语言、思维方式、生活方式等的限制, 团结起来, 没有干不成的事情。原子弹的制造、基

[19] http://baike.baidu.com/view/242064.htm

因工程的发展、航天事业的突飞猛进等等，都是人类合作的结晶，更不用说比当时的巴别塔高出若干倍的摩天大楼了。现在世界上一些巨大的科研项目都是举多国的人力、财力、智慧来完成的。人类只要消除国家与国家之间、民族与民族之间，以及不同信仰的人之间的隔阂和争斗，团结起来，共谋发展，建造一个和谐繁荣的世界是可能的。

2. "神"变乱了人的语言，实际是给人施加了一些限制，人也确实需要受到一定的限制。人如果没有法律、道德，自然等的限制，就会无法无天。这些限制，约束就是把人们的贪婪和不正当的欲望压下去，就是给人们立规矩，有所为有所不为，社会也就按正常的轨道发展。就如代表着一个城市"面子"的摩天大楼的建设，也同时带来了许多危害：摩天大楼引起的城市峡谷效应、光污染、对鸟类迁徙的影响、人类居住环境质量下降、火灾救援的难度以及对摩天大楼居住者的心理健康的影响。或许，上帝之所以破坏人建造巴别塔，正是出自对人的关爱。难道正如经上所说："因上帝的愚拙总比人智慧，上帝的软弱总比人强壮"（哥林多前书1:25）？无论如何，我们要保护我们赖以生存的家园，保护我们的大地母亲，绝不能为了人类私欲的扩张而牺牲了自然环境，在高科技的探索与发展过程中，在每一项重大的决策中，都要有更长远的目光，走可持续发展的道路，保持生态平衡、维护社会和谐，包括人与自然的和谐。

3. 人需要谦虚，不要过分的膨胀自己的野心、夸大自己的成就。比如，在一个组织中，任何一个人能成功，都离不开别人的支持。我们经常听到这样的骄傲话语：不是我们销售部门的拼命，你们的产品再好有什么用？生产部门同样方式回应：没有好产品，你们就是整体叫卖也没有用呀！他们的话都是不错的，错的应该是由别人说，例如，销售部门应该说：没有好产品，我们就是整体叫卖也没有用呀，谢谢生产部。生产部门应该说：不是你们销售部门的努力，我们的产品再好有什么用？谢谢销售部。其实，大家都要感谢领导的支持和信任，而领导更加要感谢每一个员工，一切荣耀归集体。当公司里出现部门主义或小团队时候，应该用巴别塔的故事教育团队每一个成员，我们任何的成绩都离不开组织，同时，也要阻止动机不纯的小团队。每一个人都要全心全意为了团队的荣誉。卢梭说过：伟大的人是决不会滥用他们的优点的，他们看出他们超过别人的地方，并且意识到这一点，然而绝不会因此就不谦虚。他们的过人之处越多，他们越认识到他们的不足。圣经上有这样的教导："一心一口，荣耀神，我们主耶稣基督的父（罗马书15:6）"。无神论者会对这句话嗤之以鼻，然而，这是一种莫大的智慧。因为神是超自然的，如果我们能把一切荣耀归功于神，就会免去个人的骄傲。那么在一个人取得成绩后，就不会沾沾自喜或者居功自傲，也就不会招致失败或祸患。更深一层说，就会少一些个人崇拜和个人英雄主义。人们就不会为了个人的名利而不择手段。亨利·柏格森有一句名言：真正的谦虚只能是对虚荣心进行了深思以后的产物。去除了虚荣心，人们就会脚踏实地，实事求是，淡泊宁静。为官者就不会骑在人民的头上作威作福，而是全心全意为人民服务。其实，这也就是信仰的力量。一个以中产主义为奋斗目标的共产主义者，就应该把一切荣耀归功于中产主义的信仰，归功于为了共产主义的信仰而奋斗的集体的力量。有了这种精神境界，或许会少一些贪污和腐败，共产主义目标的实现就会更早的实现。

4. 与巴别塔相关的文艺创作 (Literary Creation Related)

短短数行的经文故事，所引发的文学艺术创作灵感和作品是不胜枚举的，下面仅列几例：

电影《巴别塔》或《通天塔》、《火线交错》(Babel)是一部获得2006年美国金球奖最佳剧情电影的剧情片。由墨西哥导演亚历桑德罗.冈萨雷斯.伊纳里图执导，吉勒莫.亚瑞格编剧，以多线剧情完成导演亚历桑德罗包括《爱情是狗娘》和《灵魂挽歌》(21 Grams)在内三部电影的"死亡三部曲"。《通天塔》是以四段分别发生在摩洛哥、日本、墨西哥和美国的剧情交织而成，由法国、墨西哥和美国跨国联合制作，本片获得奥斯卡金像奖七项提名，其中包括最佳影片和最佳导演，最终获得最佳配乐奖。

小说《巴别塔之犬》The Dogs of Babel，美国著名畅销书作家卡罗琳·帕克丝特(Carolyn·Parkhurst)的处女作，何致和翻译。故事开篇便将读者引入一个神秘离奇的氛围中，一个女人从苹果树上坠地身亡，是意外还是自杀？无人知晓，唯一的目击者，就是她的爱犬"罗丽"。女人的丈夫是一位语言学家，因为思念妻子却无从得知她真正的死因，竟异想天开地打算教爱犬"罗丽"说话，让它道出事情的真相。也就在教"罗丽"说话的期间，语言学家逐渐开启了和妻子之间的记忆之盒……至此，语言学家才渐渐拼贴出妻子的样貌。那么，他将用何种方式找到他与爱犬"罗丽"共通的语言？最后他能否让爱犬"罗丽"说出女主人死亡那天到底发生了什么吗？作品迅速以30多种语言在世界各地出版，引起全球读者热烈好评。美洲人评论说："这是一个关于记忆、语言、悲伤和赎罪的故事，一次令人心碎的探寻！"欧洲人评论说："这是一本罕见的小说……除了古老的故事、鬼魅的精灵营造出的奇特氛围，还有心灵治疗、神秘塔罗牌……而当你随着主角一步步走向事情的真相时，更会感到一种锥心的痛楚……"亚洲人则评论说："人都以为和自己最亲近的人共有一座巴别塔，以为自己最了解那个亲近的人——然而，这座巴别塔真的存在吗?"作品以象征语言分野的"巴别塔"作为文字基调,伴随传说、魅影、哀伤情感的氛围,以及一路引人入胜的悬疑,令万万千千人如痴如醉……

以巴别塔为名或创作意境的画就更多了。

第九章 耶稣受试探

The Temptation of Jesus (New Testament Mathew 4)
Jesus Is Tested in the Wilderness

4 Then Jesus was led by the Spirit into the **wilderness** to be **tempted** by the devil. ² After **fasting** forty days and forty nights, he was hungry. ³ The tempter came to him and said, "If you are the Son of God, tell these stones to become bread."

⁴ Jesus answered, "It is written: 'Man shall not live on bread alone, but on every word that comes from the mouth of God.'"

⁵ Then the devil took him to the holy city and had him stand on the highest point of the temple. ⁶ "If you are the Son of God," he said, "throw yourself down. For it is written:

"'He will command his angels concerning you,
and they will lift you up in their hands,
so that you will not strike your foot against a stone.'"

⁷ Jesus answered him, "It is also written: 'Do not put the Lord your God to the test.'"

⁸ Again, the devil took him to a very high mountain and showed him all the kingdoms of the world and their **splendor**. ⁹ "All this I will give you," he said, "if you will bow down and worship me."

¹⁰ Jesus said to him, "Away from me, Satan! For it is written: 'Worship the Lord your God, and serve him only.'"

¹¹ Then the devil left him, and angels came and **attended** him.

Jesus Begins to Preach

¹² When Jesus heard that John had been put in prison, he **withdrew** to Galilee. ¹³ Leaving Nazareth, he went and lived in Capernaum, which was by the lake in the area of Zebulun and Naphtali— ¹⁴ to fulfill what was said through the **prophet** Isaiah:

¹⁵ "Land of Zebulun and land of Naphtali,
the Way of the Sea, beyond the Jordan,
Galilee of the Gentiles—
¹⁶ the people living in darkness
have seen a great light;
on those living in the land of the shadow of death
a light has dawned."

¹⁷ From that time on Jesus began to **preach**, "**Repent**, for the kingdom of heaven has come near."

Jesus Calls His First Disciples

¹⁸ As Jesus was walking beside the Sea of Galilee, he saw two brothers, Simon called Peter and his brother Andrew. They were casting a net into the lake, for they were fishermen. ¹⁹ "Come, follow me,"Jesus said, "and I will send you out to fish for people." ²⁰ At once they left their nets and followed him.

²¹ Going on from there, he saw two other brothers, James son of Zebedee and his brother John. They were in a boat with their father Zebedee, preparing their nets. Jesus called them, ²² and immediately they left the boat and their father and followed him.

Jesus Heals the Sick

23 Jesus went throughout Galilee, teaching in their **synagogues**, **proclaiming** the good news of the kingdom, and healing every disease and sickness among the people. 24 News about him spread all over Syria, and people brought to him all who were ill with various diseases, those suffering severe pain, the demon-possessed, those having **seizures**, and the paralyzed; and he healed them. 25 Large crowds from Galilee, the Decapolis, Jerusalem, Judea and the region across the Jordan followed him.

耶稣受试探 (马太福音 4)
耶稣在旷野被试探

4 当时, 耶稣被圣灵引到旷野, 受魔鬼的试探。2.他禁食四十昼夜, 后来就饿了。3.那试探人的进前来, 对他说:"你若是神的儿子, 就吩咐这些石头变成食物。"

4. 耶稣却回答说:"经上记着说:'人不是仅靠食物活着, 而是靠神口里所出的一切话。'"

5. 魔鬼就带他进了圣城, 叫他站在殿顶上, 6.对他说:"你若是神的儿子, 可以跳下去。因为经上记着说:

"'主要为你

吩咐他的使者,

用手托着你,

免得你的脚碰在石头上。'"

7. 耶稣对他说:"经上又记着说,'不可试探主你的神。'"

8. 魔鬼又带他上了一座最高的山, 将世上的万国, 与万国的荣华, 都指给他看, 9.对他说:"你若俯伏拜我, 我就把这一切都赐给你。"

10. 耶稣说:"撒旦 (注:"撒旦"就是"抵挡"的意思, 乃是魔鬼的别名) 退去吧。因为经上记着说,'你应当拜你的神耶和华, 只能事奉他。'"

11. 于是魔鬼离开了耶稣, 有天使来伺候他。

耶稣开始传道

12. 耶稣听见约翰被抓进了监狱，就退到加利利去。13.后又离开拿撒勒，往迦百农去，就住在那里。那地方靠海，在西布伦和拿弗他利的边界上。14.这是要应验先知以赛亚的话，

15. 说："西布伦地，拿弗他利地，就是沿海的路，约旦河外，外邦人的加利利地。"

16. "那坐在黑暗里的百姓，看见了大光，坐在死荫之地的人，有光发现照着他们。"

17. 从那时候，耶稣就传起道来，说："天国近了，你们应当悔改!"

招第一批门徒

18. 耶稣在加利利海边行走，看见弟兄二人，被叫做彼得的西门，和他的兄弟安得烈，正在向海里撒网。因为他们本是打鱼的。19.耶稣对他们说："来跟从我，我要让你们成为渔人的人。"20.他们就立刻舍弃了他们的渔网，跟从了他。

21. 从那里往前走，又看见弟兄二人，就是西庇太的儿子雅各，和他兄弟约翰，正和他们的父亲西庇太在船上补网。耶稣就招唤他们。22.他们立刻舍弃了船，告别了父亲，跟从了耶稣。

耶稣医治病人

23. 耶稣走遍加利利，在各会堂里教训人，传天国的福音，医治百姓各样的病症。24.他的名声传遍了叙利亚。那里的人把害各样疾病的、遭受各样疼痛的、被鬼附身的、癫痫的、瘫痪的种种病人，都带来，耶稣就治好了他们。25.于是，有许多人从加利利、低加波利、耶路撒冷、犹太和约旦河外赶来跟从他。

鉴析篇 (Appreciation and Analysis)

I. 语言点拨 (Vocabulary)

wilderness *n* a desert or other area of natural land which is not used by people, 荒野, 荒漠, 旷野:

He was lost in the wilderness for a whole month.
他在荒野中足足迷失了一个月。

Jesus went out into the wilderness to think alone.
耶稣走进荒野去独自思考。

in the wilderness, not in power, 在野, 不掌权: *The party ended its 12 years in the wilderness and went into power again.* 该党结束了12年的在野状态, 又重新掌权了。

tempt *vt* 1. lure, give rise to a desire by being attractive or inviting, 引诱, 诱惑, 吸引: *Reducing the income will further impoverish these families and could tempt an offender into further crime* 降低收入只会使这些家庭更加贫穷, 而且可能诱使不法分子进一步犯罪。

2. seduce, provoke someone to do something through (often false or exaggerated) promises or persuasion 诱使, 怂恿; 利诱; 诱惑: *Don't let credit tempt you to buy something you can't afford.* 不要因为可以赊购, 就买超过自己支付能力的东西。

fast *vi* go without food, or without certain kinds of food, esp as a religious duty; 禁食; 斋戒: *days devoted to fasting and penitence, eg in Lent.* 斋戒与忏悔期 (例如四旬斋)。

n (period of) going without food: 禁食 (期); 斋戒 (期): *a fast of three days;* 禁食三日; 斋戒三日; *break one's fast.*开戒。

day (**fast-day**) or season of fasting. 禁食日; 斋日; 斋期。

splendor *n* a quality that outshines the usual 华丽; 壮丽; 光辉; 显赫: *All the splendor in the world is not worth a good friend.* 人世间所有的荣华富贵不如一个好朋友。

The castle rises in solitary splendor on the fringe of the desert. 这座城堡巍然耸立在沙漠的边际, 显得十分壮美。

attend *vt* 1. work for or be a servant to, 照料, 照顾, 提供所需: *She attends the disabled people in the hospital on weekends.* 她周末在医院照料那些残疾人。

2. give heed (to), 注意: They attended to everything the teacher said. 他们留意老师说的一切。

3. deal with, take charge of sth. 处理, 料理事情: *There are more pressing matters to be attended to today.* 今天有更紧急的事情要处理。

4. be present at (meetings, class, church services, etc, 出席会议, 上课, 参加教会活动等: *He goes to work in the daytime and attends evening class in the evening.* 他白天上班, 晚上上夜校。

withdraw *vt, vi* 1. pull back or move away or backward, 撤退, 退回: *They demanded that all foreign forces withdraw as soon as the crisis ended.* 他们要求危机一结束, 所有外国军队都撤离。

2. make a retreat from an earlier commitment or activity, 退出某项任务或活动: *The African National Congress threatened to withdraw from the talks.* 非洲国民大会威胁要退出会谈。

3. keep away from others, 远离他人, *He withdrew from the party and went into his bedroom after supper.*晚餐后他离开众人, 退回了自己的卧室。

4. take money back from the bank, 从银行取钱: *They withdrew 120 dollars from a bank account after*

checking out of their hotel. 他们在旅馆结账后, 从银行账户中取了120美元。

5. take back, unsay, 收回, 取消: *He said that he decided to withdraw the statement he had made earlier.* 他说他决定收回他早些时候发布的一项声明。

prophet *n* 1. person who teaches religion and claims that his teaching come to him directly from God: 先知; 代神发言者: *the prophet Isaiah;* 先知以赛亚; *Muhammad, the Prophet of Islam.* 伊斯兰教先知穆罕默德。*In the Old Testament, a prophet who was swallowed by a great fish and disgorged unharmed three days later.* 《圣经·旧约》中, 有一位先知, 被一条大鱼吞噬三天后又被完好无损地吐出。

The prophets, the prophetic books of the Old Testament. 旧约圣经中的预言书。

2. pioneer of a new theory, cause, etc; advocate: 新理论、主义等的鼓吹者; 提倡者: *William Morris was one of the early prophets of socialism.* 威廉.莫里斯是社会主义早期的鼓吹者之一。

3. person who tells, or claims to tell, what will happen in the future: 预言者: *I'm not a good weather-prophet.* 我不大会预测天气。

prophetess women prophet 女先知; 女提倡者, 女预言者。

preach *vt,vi* 1. to deliver a sermon, to gives a talk on a religious or moral subject during a religious service 传教, 步道: *Jesus only preached three years in the world, yet his influence has spread all over the world ever since then.* 耶稣只传道三年, 然而他的影响从那时期已经传播到全世界。

2. to speak, plead, or argue in favour of;, 宣扬, 鼓吹: *Health experts are now preaching that even a little exercise is far better than none at all.* 现在健康专家都在宣扬, 即使是少量的运动也远比根本不运动好得多。

synagogue *n* (building used for an) assembly of Jews for religious teaching and worship. 犹太教教堂; 犹太教徒的聚会。

proclaim *vt* 1.declare formally; declare someone to be something; 宣布, 声明, 公布: *He proclaimed himself to be an atheist.* 他声称自己是个无神论者。

2. announce or state, 讲明, 声称: *They did not proclaim their intentions.* 他们没有讲明意图。*She confidently proclaims that she is offering the best value in the market.* 她信心百倍地声称她的产品是市场上最物有所值的。

seizure *n* 1. a sudden violent attack of an illness, 突然发作: *She trembled violently and made Loud cries when she was in seizures.* 她发病时会猛烈颤抖, 并大声吼叫。*She died of a heart seizure.* 她死于心脏病发作。

2. the act of forcibly occupying the property of others', 占领, 控制, 没收: *The police is conferred the power of entry, search and seizure by the Act.* 该法案授予警察入室、搜查和扣押的权力。*The court sentenced a seisure of his asset.* 法庭裁决没收他的财产。

repent *vi,vt* repent (of), think with regret or sorrow of; be full of regret (about); wish one had not done (sth): 悔悟; 懊悔; 痛悔; 后悔曾做（某事）: *He repented of what he had done.* 他懊悔他的所作所为。*Don't you repent (of) having wasted your money so foolishly?* 你不后悔如此糊涂乱花钱吗? *He has bitterly repented of his folly.* 他痛悔他的愚行。*Have you nothing to repent of?* 你没有可懊悔的事吗?

repentance *n* [u] regret for wrong doing: 悔悟; 懊悔; 痛悔; 后悔: show repentance (for sth). （对某事）表示悔悟。

repentant *adj* feeling or showing repentance: 悔悟的; 懊悔的; *a repentant sinner*; 悔悟的罪人; *repentant of his folly*; 懊悔其愚行; *the righteous and the repentant.* 正直者与悔悟者。**Repentantly** *adv*

2. 耶稣简介 (Brief Introduction of Jesus)

耶稣是基督教里的核心人物, 被认为是犹太旧约里所指的救世主(弥赛亚)。大部分基督教教派相信他是上帝的独生子和上帝的转世。而伊斯兰教则认为, 耶稣是先知以及救世主。不过, 犹太教则拒绝以上任何说法。根据马太福音和路加福音记载, 大约2000年前耶稣由童贞女马利亚受圣灵感孕, 生于伯利恒城客店的马棚之中, 而历史学观点则认为耶稣生于加利利的拿撒勒。现代历法便始于耶稣的诞生之年, 虽然很多研究者认为耶稣出生于公元前12-公元6年中的某一年, 而非某个中世纪修道士错误计算得出的公元元年。每当我们看日历, 写下年份时, 就会想起耶稣的诞生。

耶稣主要的生平事迹都记载在四福音书中。基督教传统观点认为, 四福音书是耶稣门徒们对耶稣的"共同见证", 即马太福音, 马可福音, 路加福音和约翰福音, 对应的作者是马太(Matthew), 马可(Mark), 路加(Luke)和约翰(John)(其中马太, 马可和约翰属于耶稣的十二个门徒, 路加的身份是一名医生, 在耶稣复活升天后, 和其他门徒一起传扬耶稣的救恩)。

关于耶稣生平的事件主要有降生、受洗、受试探、呼召十二使徒、登山宝训、行神迹、遭弃绝、进入耶路撒冷、诅咒无花果树、最后晚餐、被捕、受审、钉死、复活、升天。

耶稣出生后, 为逃避当时犹太的长官大希律王的追杀令而远走埃及, 直到大希律王死后才回到约瑟的居住地——加利利的拿撒勒定居。耶稣成年后受洗于约翰(耶稣的开路先锋, 也是耶稣的表哥, 比耶稣大半岁, 当时已很有名气), 接受了圣灵。圣灵把耶稣引领到了沙漠中, 让他接受了魔鬼撒旦的试探。

此后, 约翰因指出当时统治者希律王的不当行为而被抓进监狱。在约翰被抓以后, 耶稣进入了加利利, 开始传讲天国的信息。耶稣三十岁以后开始通过比喻教导众人, 宣扬天国的信息, 驱魔和行医。耶稣从门徒当中挑选了十二人成为他的使徒。耶稣深入村落、城镇与众人共同生活, 巡回传教, 地点不限于犹太会堂, 湖边、路旁等露天处所皆可。耶稣讲道不以经文为唯一根据, 他善用比喻, 深入浅出的讲述自己的教义与思想。耶稣之所以得到群众的追随, 更是由于他行了许多神迹: 他曾用5个饼、2条鱼让5000人吃饱, 也令风暴平息, 并在婚宴上把水变成酒; 他治愈了麻风病人、瘫子、使瞎子复明, 甚至起死回生。这些神迹在几部福音书中都有详细记载, 但是近代许多学者对其真实性表示怀疑或否定。认为福音书作者写这些神迹为的是证明耶稣是神之子, 是犹太民族和世人的救世主, 因此具有超凡的能力。

耶稣宣传天国近了, 号召大众悔改。他的天国观念反映出的思想是对巴勒斯坦现存秩序的否定, 是在现实世界建立新的秩序的号召。"我来并不是叫地上太平, 乃是叫地上动刀兵。"(马太福音, 11:34)"凡不结好果子的树, 就砍下来丢在火里。"(马太福音, 7:79)"他叫有权柄的失位, 叫卑贱的升高, 叫饥饿的得饱美食, 叫富足的空手回去。"他要推翻罗马势力及其走狗的统治, 复兴大卫王国[20]。耶稣宣扬人要悔改, 离弃罪恶, 遵守十诫、努力祷告、爱仇敌、不论断他人, 天国已经近了。耶稣的两条诫命是: "爱上帝"与"爱人如己"。

耶稣在世传道约有三年。在约公元30年时, 由耶利哥城前往耶路撒冷, 受到群众的欢迎。耶稣引起了设在以色列各省执政掌权的罗马官员和犹太领袖(宗教律法师)的注意。耶稣声称自己就是神, 直接干犯了犹太律法。同时, 因为耶稣当时巨大的影响力, 很多老百姓跟随他, 这引起犹太宗教领袖(祭祀长和法利赛人)对耶稣基督的嫉恨。他们收买了耶稣十二门徒之一的犹大, 以30块银币的价钱和他串通, 以亲吻耶稣为号, 把耶稣拘捕, 并控以亵渎神的罪名。在宗教领袖的压力下, 被本丢彼拉多(当时罗马派驻犹太的长官)判处钉死在十字架上, 并随即押往髑髅地的刑场。据圣经记载耶稣死后被安葬于髑髅地附近的一个墓室。三天后复活, 回到加利利与众门徒见面, 并于40日后升天[21]。

3. 关于撒旦 (About Satan)

经文中提到"撒旦"一词, 说是魔鬼的别名。何为撒旦? 撒旦(Satan), 在基督教中, 主要指《圣经》中反叛上帝耶和华的堕落天使(Fallen Angels), 曾经是上帝座前的六翼天使之一, 负责在人间放置诱惑, 后来他堕落成为魔鬼, 被看作与光明力量相对的邪恶、黑暗之源。

新约有不少经文都见证, 撒旦是真正存在的。每一位新约作者都提到撒旦, 基督自己就提过撒旦二十五次, 基督的话语, 是撒旦存在的最有力证据。以西结书二十八章12至15节, 描写撒旦未堕落前的情况。他在神面前拥有崇高的地位; 天上的美物环绕他(二十八13)。他称为"受膏遮掩约柜的", 他在神面前拥有至高的尊荣(二十八14、16)。以赛亚提到, 他是至高的天使, 称为"明亮之星、早晨之子"(十四12)。但他后来成为神的最大仇敌(希伯来文Satan), 他就不再拥有以上这些尊荣的称号。但未堕落前的撒旦, 是充满智慧和荣美的, 也是没有瑕疵的(结二十八12、15)。

---

[20] 陈钦庄.基督教简史 P:49

[21] http://baike.baidu.com/view/1460.htm

以西结书二十八章和以赛亚书十四章, 都有形容撒旦堕落的语句。因所犯的罪, 撒旦被逐离神的面 (结二十八16)。撒旦堕落的原因是骄傲; 他因美丽而心高气傲, 他的智慧令他败坏 (二十八17)。下面列出圣经中多处提到撒旦, 但有不同的名称和意思, 表示了撒旦恶的本质: 撒旦——抵挡者 (马太福音四章10节), 魔鬼——诽谤者 (马太福音四章1), 恶者——内里邪恶 (约翰福音十七章15), 大红龙——具破坏性的受造物(启示录十二章3、7、9), 古蛇——伊甸园中的欺骗者(启示录十二章9), 亚巴顿——破坏 (启示录九章11), 仇敌——敌挡者 (彼得前书五章8), 别西卜——蝇之王 (巴力西卜) (马太福音十二章24), 彼列——无用 (哥林多后书六章15节), 杀人的——领人进入永死 (约翰福音八章44), 说谎的——歪曲真理 (约翰福音八章44), 控告者——在神面前攻击信徒的 (启示录十二章10)。

《旧约》约伯记中的撒旦非但不是天主的敌对者, 反而和天主打赌, 考验约伯对天主的信心。撒旦还背负监视人类的罪孽的责任, 在世界末日的最终审判时候告发人类的罪行。因此撒旦同时具备"诱惑者"和"告发者"的形象, 诱惑人类(比如诱惑亚当和夏娃吃下禁果、诱惑约伯), 也作为恶魔之王诱惑人类犯罪。而这一切都可以视为上帝默许下, 对于人类信仰的考验。而在基督教崛起后, 撒旦就成为了彻底的恶魔, 他不仅自由作恶, 肆意妄为。在世界末日的时候, 他也终将被亚威借亚当的身体打败, 然后投入永远的地狱中。

4. 现世启示 (Thoughts Inspired)

在这段经文中, 耶稣受到了撒旦的三次试探。第一次是让他满足自己的欲望, 而不是服从上帝的旨意。当时耶稣已禁食了四十昼夜, 对于一个常人来说, 这是不可能的。耶稣是神的儿子, 带有神性, 所以没死, 但是他毕竟是一个肉身, 肯定也是饿极了。撒旦的诱惑是巨大的, 常人也是无法抵挡的。而耶稣以经上的话来回复抵制诱惑: "经上记着说, 人活着, 不是单靠食物, 乃是靠神口里所出的一切话。"他凭的是对神坚定的信仰。我们可以把"食物"理解成物质方面的需求, "神口里所出的一切话"理解成一种精神上的信仰。能够激发灵魂的高贵与伟大的, 只有虔诚的信仰。在最危险的情形下, 最虔诚的信仰支撑着我们; 在最严重的困难面前, 也是虔诚的信仰帮助我们获得胜利。看看我们那些革命先驱们, 为了他们的信仰视死如归, 谱写了一部部壮丽的诗篇, 留下了一个个感人的故事, 让后世传诵、讴歌。在我们的现实生活中, 同样需要信仰来支撑我们的精神。

第二次试探则要他直接从圣城之顶跳下到圣城里去, 是给他一条捷径去完成上帝的工作，而非按照上帝的方式去办，同时也是用于检验他是否真是"上帝之子"，这也是极富诱惑力的。但耶稣知道，那是不对的。他是弥赛亚，他的一生注定是要历经艰难险阻，体验悲伤与孤独，绝无捷径可言。天上的圣父让他以血肉之躯活于世间，是为了向世人昭示礼拜上帝的正确途径，即便这是最为艰难的道路。所以耶稣又以经上的话抵挡了诱惑："经上又记着说，不可试探主，你的神。"同样的道理，我们可以在中国古典名著神话故事《西游记》中看到。唐玄奘西去取经历时十七年，经历了九九八十一难，而他的护送者孙悟空一个筋斗云就可以翻越十万八千里，火眼金睛，神通广大，何不直接要悟空去取经呢？原因是：很多事情，我们不应只关心结果，更应注重过程。

第三次试探是给耶稣统治万民的机会，是用荣华富贵和权力来诱惑他，让他拜服和信仰撒旦，离弃背叛上帝。耶稣的态度是毅然决然的，说："撒旦退去吧，因为经上记着说，当拜主，你的神，单要事奉他"。这里强调的还是对信仰的忠实。回顾历史，有多少人因为忠实的信仰而抵挡住了种种诱惑而成功或成仁了；又有多少人在金钱、权力或美色的诱惑下屈服，背弃了自己的事业，最后身败名裂呢。就以中国近现代史为例，正是因为中国共产党人对共产主义事业的坚定信仰，才有无数革命先烈奋斗在艰苦的岁月里，在被敌人捕获后，不被他们的高官厚禄或金钱财富所吸引，而是视死如归，英勇就义，他们名垂青史。而那些对信仰不忠实，意志不坚定的人则成了叛徒，最后落得悲惨下场，臭名昭著。

其实，"撒旦"就是假、恶、丑的代名词、是罪恶的化身、是人世间的种种诱惑，它隐藏于我们的内心深处。要发现、控制和赶走撒旦，我们需要的最有力的武器是坚定的信仰，一个追求真、善、美的信仰。一个人有了美好的、坚定的信仰和追求，就不会迷惘失途、虚度光阴，会过得充实、会有更多的幸福感和成就感；一个民族有了坚定的信仰，就拥有恒久的前进动能。一个有坚定信仰的政党，才能持久地赢得民心和大地的力量。倘若世界上不同民族、不同肤色的人，都有共同的、美好的、追求真、善、美的信仰，世界将会没有征战，将会更加和谐美好，将会成为新的"伊甸园"。

5. 相关文艺创作 (Literary Creation Related)

《圣经》中的几乎每一个故事，每一段经文，都被频繁引用，都萌发了许多的创作灵感。本段经文也毫不例外。要么就是直接以经中的素材为基础，要么是在理解了经文的隐喻意义之后进行创作。

(1) 弥尔顿的《复乐园》

《复乐园》(英文名Paradise Regained)是英国著名诗人、政治活动家弥尔顿继长篇圣经题材诗《失乐园》之后的又一力作，也可以说是《失乐园》的续篇。写这本书时，弥尔顿已双目失明，全书都由他口述完成。作家以饱满的热情讴歌了耶稣的降生，讲述了耶稣抵御住撒旦的诱惑，从而拯救人类重返伊甸园的故事。耶稣在约旦河畔由圣徒约翰施洗后，准备公开布道，这时圣灵引他到荒郊，先要给他一次考验。这考验就是撒旦对他的引诱。撒旦第一天以筵席，第二天以城市的繁华和古希腊、罗马的文学艺术引诱耶稣，都遭到拒绝。第三天撒旦使用暴力，把耶稣放在耶路撒冷的庙宇的顶上，他也毫不畏惧。后来天使们把他接下来，认为他胜利地经受了考验，于是他开始传道，替人类恢复乐园。

(2) 渡边淳一的《复乐园》

无独有偶，著作了《失乐园》的日本作家渡边淳一又于2010年推出新著《复乐园》。来栖贵文创建的Et Aiors老年公寓，上演着八个不同的感情故事：以与女性接触来保持年轻心态的堀内大藏，死在按摩女怀里却露出幸福微笑；周旋于三个女人之间的立木重雄，与三人都闹翻后，迅速找到了第四个女友；冈本杏子爱上了比自己年轻很多的男理疗师，目的却只是希望男人能拥抱一下自己；把性当成美容秘方的雪枝，和几个男人都有关系，但为了彼此没有约束，每次都象征性地收一千日元……虽然情节有所不同，但一个个故事折射出来的主题，却有相同性与永恒性。诸如：男人与女人处理感情有什么差异、爱情与婚姻相容相斥的辩证、情欲在两性关系中究竟占据着什么样的比例……

渡边淳一的《复乐园》是《失乐园》的延续与对照。《失乐园》中他们以欲望为道路，获得爱的乐园，失去生的乐园。《复乐园》中他们用宽容作准则，创造爱的乐园，畅享生的乐园。婚姻对于爱情，究竟是坟墓，还是乐园。情欲燃烧后，男女之间，如何持久与永恒。"乐园"是围绕在两性关系周围，让其持久、恒定，不会总是热烈燃烧，却能一直温暖的婚姻形式与社会关系。《失乐园》中的久木与凛子，在情欲火种的驱赶下，失去了"乐园"，只能决绝殉情。《复乐园》中的来栖与麻子，在旁观他人的幸福与经历自己的感情后，明白了爱情可以在婚姻中、在长相厮守中更为深远，更为温暖，从而回到了"乐园"、收复了"乐园"。

(3) 国产电视剧《复乐园》

由王家南和吕红编剧, 雷献禾导演, 高曙光、丁志成、潘长江等主演的电视剧《复乐园》是一出多年来罕见的煽情剧, 真挚的爱情让你忍不住叹一声: 问世间情为何物, 直教人生死相许。护士小玫与医院最有才华的医生徐程由于工作上的默契配合, 渐渐产生了感情, 但徐程的妻子、一直想离婚的李静却因妒生恨, 发誓报复。小城封闭的环境以及许多无辜的人被波及, 使徐程被迫远走他乡……多年后, 事业有成的徐程重返小城, 这一对爱到极至的爱人, 又将无情地面对难题。欲望于良知, 情感与道德, 都被一一展露, 不只是他们, 所有的人, 也都无可逃避地要作出此生必作的选择。

耶稣受试探2

第十章 登山宝训 (一)

Preaches on the mountain (Matthew 5:1-12)
Introduction to the Sermon on the Mount

5 Now when Jesus saw the crowds, he went up on a mountainside and sat down. His **disciples** came to him, ² and he began to teach them.

The Beatitudes

He said:
³ "Blessed are the poor in spirit,
    for theirs is the kingdom of heaven.
⁴ Blessed are those who **mourn**,
    for they will be comforted.
⁵ Blessed are the **meek**,
    for they will **inherit** the earth.
⁶ Blessed are those who hunger and thirst for righteousness,
    for they will be filled.
⁷ Blessed are the merciful,
    for they will be shown mercy.
⁸ Blessed are the pure in heart,
    for they will see God.
⁹ Blessed are the peacemakers,
    for they will be called children of God.

10 Blessed are those who are **persecuted** because of righteousness, for theirs is the kingdom of heaven.

11 "Blessed are you when people insult you, persecute you and falsely say all kinds of evil against you because of me. 12 **Rejoice** and be glad, because great is your reward in heaven, for in the same way they persecuted the prophets who were before you.

登山宝训 (马太福音第 5 章)
天国八福

5 耶稣看见这许多人, 就上了山, 既已坐下, 门徒到他跟前。2. 他就开口教训他们, 说:

3. 虚心的人有福了,
   因为天国是他们的。

4. 哀恸的人有福了,
   因为他们定会得到安慰。

5. 温柔的人有福了,
   因为他们定会承袭土地。

6. 饥渴慕义的人有福了,
   因为他们必得饱足。

7. 怜恤人的人有福了,
   因为他们必蒙怜恤。

8. 清心的人有福了,
   因为他们必得见神。

9. 使人和睦的人有福了,
   因为他们必被称为神的儿子。

10. 为义受逼迫的人有福了,
    因为天国是他们的。

11. 人若因我辱骂你们, 逼迫你们, 捏造各样坏话毁谤你们, 你们就有福了。12. 应当欢喜快乐, 因为你们在天上的赏赐是大的。在你们以前的先知, 人们也是这样逼迫他们。

鉴析篇 (Appreciation and Analysis)

I. 语言点拨 (Vocabulary)

disciple *n* follower of any leader of religious thought, art, learning, etc. 信徒; 弟子。**the Twelve Disciples,** the twelve personal followers of Jesus Christ. 耶稣十二门徒。

beatitude *n* supreme happiness blessed by God 天福, 八福词: *The Beatitude preached by Jesus is my favourite part of the Scriptures.* 耶稣宣扬的八福是我最喜欢的经文。

mourn *vi,vt* **mourn (for/over),** fell or show sorrow or regret (for/over); grieve (for/over): 悲悼; 哀悼; 悲叹: *mourn for a dead child;* 悲悼一个死去的小孩; *mourn over the child's death;* 悲悼小孩的死亡; *mourn the loss of one's mother.* 哀悼母亲的逝世。

mourner *n* person who mourns, esp one who attends a funeral as a relative or friend of the dead person. 哀悼者; 送丧者。

Mournful adj sad; sorrowful.

悲哀的; 凄惨的。**mournfully** *adv*

meek *adj* (-er, -est) mild and patient; in protesting (the contrary of self-assertive): 温顺的; 谦和的 (与self-assertive 相反): *She's as meek as a lamb.* 她像小羊一般的温顺。**meekly** *adv* **meekness** *n*

inherit *vt,vi* 1. receive property, a title, etc as heir: 集成 (财产, 爵位等): *The eldest son will inherit the title.* 长子将继承爵位。

2. derive (qualities,etc) from ancestors: 由遗传而得 (特质等): *She inherited her mother's good looks and*

her father's bad temper. 她继承了她母亲的美貌和她父亲的坏脾气。

Inheritance *n* [U] inheriting: 继承; 遗传: *receive sth by inheritance*; 由继承而获得; [C] (lit, fig) what is inherited: (字面, 喻) 继承或遗传之物; 遗产; 天禀: *an inheritance of ill-feeling.* 遗留下来的怨恨。

persecute *vt* 1. punish, treat cruelly, esp because of religious beliefs. (尤指因宗教信仰不同而) 迫害; 惩罚。

2. allow no peace to; worry: 烦扰; 困扰: *persecute a man with questions.* 以问题困扰一个人

persecutor *n*

persecution *n* 1. [U] persecuting or being persecuted: 迫害; 烦扰: *suffer persecution for one's religious beliefs.* 为了宗教信仰而遭受迫害。

2. [C] instance of this (in history, etc): (历史等中的) 迫害事件: *the numerous persecution of the Jews.* 对犹太人的许多迫害。

rejoice *vt,vi* 1. make glad; cause to be happy: 使喜; 使乐: *The boy's success rejoiced his mother' heart.* 这男孩的成功使他母亲衷心欢喜。

2. **rejoice (at/over)**, feel great joy; show signs of great happiness: 欣喜; 高兴; 快乐: rejoice over a victory; 为胜利而欣喜; rejoice at sb's success. 为某人的成功而高兴。*I rejoice to hear that you are well again/ rejoice/ that you have recovered so quickly.* 听到你已痊愈 (你已很快复原) 我很高兴。*He rejoices in the name of Bloggs,* humorous for 'his name is Bloggs' (诙谐语) 他的大名叫布洛格斯。

2. "八福"启示 (Moral Implications of Eight Kinds of Blessed People)

确切的说, 耶稣是一个传教士, 却被人们奉若神灵。他自己宣称自己是上帝的儿子, 是来劝人悔改, 替人赎罪, 解救人类的, 他的门徒们也这样见证, 而且众多的信徒也都相信他并非凡人, 而是神子。我们知道, 耶稣是对整个人类影响最深远的人，每年的12月普天同庆耶稣的诞生，即圣诞节。我们的公元纪年，也是以耶稣诞生之年开始的（虽然后来考古学家发现，耶稣诞生于公元前7年或公元前4年）。每当我们看日历，写下年份时，都会想起耶稣的降生。耶稣之所以如此伟大，神奇，除了他一生中治病救人，显示了许多神迹，包括他死后复活，令人惊叹，相信他就是神的儿子之外，更重要的是他的传道与众不同，他的所做、所为、所说无不彰显了他超凡脱俗的"神性"。本段经文中就有许多值得我们学习和思考的有关道德修养、为人处事方面的传道。耶稣在山上对众人的传教中首先就讲到了共八种有福的人，简称为"八福"。这"八福"里面蕴含着修身养性和做人的道理，富有深刻的哲理思辨意义。

虚心 (Humbleness)

——"虚心的人有福了，因为天国是他们的"。原英文 Blessed are the poor in spirit...也可直译作"自知灵性贫穷的人有福了……"。在这里主要是指人在神面前的虚心。人是有罪的，必须要在神面前悔改，遵循神的旨意，人的智慧不能胜过神的灵意，只有虚心诚意的信神，才能得到上帝的宽恕和恩赐。我们应该从广义的角度来理解"虚心"。虚心是被人们推崇的一种道德修养，是指谦逊，不自满、不自大，它的反义词就是自负、骄傲。人有了虚心，就能在认知、判断和行为方面取得良好的结果。古今中外的智者名人都高度重视谦虚的品质。《庄子·渔父》："（孔子）曰：'丘少而修学，以至于今，六十九岁矣，无所得闻至教，敢不虚心。'"《晋书·潘岳传》："若乃弱志虚心，旷神远致……不自贵于物而物宗焉，不自重于人而人敬焉。"毛泽东在《中国共产党第八次全国代表大会开幕词》说："虚心使人进步，骄傲使人落后，我们应当永远记住这个真理。"老舍说："骄傲自满是我们的一座可怕的陷阱；而且，这个陷阱是我们自己亲手挖掘的。"斯宾塞认为："成功的第一个条件是真正的虚心，对自己的一切敝帚自珍的成见，只要看出同真理冲突，都愿意放弃。"泰戈尔说："当我们是大为谦卑的时候，便是我们最近于伟大的时候。"巴普洛夫说："决不要陷于骄傲。因为一骄傲，你们就会在应该同意的场合固执起来；因为一骄傲，你们就会拒绝别人的忠告和友谊的帮助；因为一骄傲，你们就会丧失客观标准。"有句名言："谦虚的人学十当一，骄傲的人学一当十"。意思是，虚心的人即使学的很多，但自己仍然觉得不满足，十分虚心的继续学习；骄傲的人只学了一点皮毛就认为自己已经学了很多了，然后放弃不学了。总之，"满招损，谦受益。"谦虚使人取得成就，赢得别人的称颂，而骄傲却令人不思进取，招致不良的后果。这充分说明，虚心是取得成就的第一步。但谦虚并不等于谦卑，也不等于虚伪。在荣誉面前，谦虚是一种美德。为了赢得谦虚的名声而"谦虚"，就是虚伪；为了讨好他人而谦虚，就是谦卑。我们不需要谦卑的谦虚，也不需要虚伪的谦虚，只需要真实的谦虚。

《圣经》中的"天国"是指由神的意志和灵性所统辖的国，是有待实现的未来的国，是在天上地上都在的美好的国。《圣经旧约》和《新约》中多次提到天国，通过认罪、悔改、忠实的信仰耶稣基督，并遵循他的所倡导的道德品行为人处事，最终进入天国是基督徒的追求。在这里，我们可以理解为尘世中和谐美好的世界。我们有了谦逊的品质和修为，也就更容易获得进入天国的通道，因为天国也存在于人的内心之中。

哀恸 (Sorrow)——"哀恸的人有福了，因为他们必得安慰。"(*Blessed are those who mourn:, for they will be comforted*)

经文中的字面意思是，有哀痛之心的人能得到神的安慰，才能进天国，哀痛指的是为罪难过的意思。根据基督教的基本教义，人类是有罪的：首先亚当夏娃违背神的旨意而吃了智慧果是原罪；后来人类又屡屡犯罪，造成了洪水灭世的悲剧；人类骄傲狂妄，企图建造通天塔立自己的名而不是神的名，故而造成了语言的混乱；在圣经旧约中，上帝的选民以色列人对神的信仰反反复复，还对先知辱骂迫害；人间充满了贪婪、暴力、淫秽、谋杀等等罪恶；为了拯救人类，上帝派他的独生子耶稣来人间传道，后来也被钉在了十字架上（三天后复活），由此来赎人的罪。上帝赐下了无法用言语形容的温柔的爱，我们应该为不领悟他的爱，继续忘恩负义的过着叛逆的生活而感到难过；或者想到自己曾经抛弃了最好的朋友，谩骂了世上最昂贵的天国的礼物而后悔；还应痛恨因为自己的罪把上帝的儿子钉死在了十字架上，并一直刺透了他流淌着血的心脏。当我们意识到自己是在黑暗的深渊当中，发现自己与上帝的儿子分离时，应感到撕心裂肺地难过。这样的哀痛将会得到安慰。

哀恸的人有福了，看似令人费解，实则有着辩证的哲理意义。汉语中有"哀兵必胜"的成语，原意是力量相当的两军对阵，悲愤的一方定会获得胜利，后指因受欺侮而奋起抵抗的军队，必定能取胜。当我们看到社会中很多的问题，如道德的沉沦、人心的虚假、贪婪、嫉妒、官场的腐败，等等与和谐社会背道而驰的情况时，我们如果为这些事情难过、悲哀、甚至哭泣，很深刻的为我们周遭的人、为我们的民族、国家前途、为人类的未来担忧，那就是一种悲天悯人的忧国忧民的情怀。在我们的现实生活中，我们应该经常检查自己的言行，经常做自我批评，为自己的过失感到后悔难过，并积极弥补和改正；要为别人的不幸感到同情。"哀恸"怎会有"福"呢？我们应该懂得：哭泣过的人，才晓得欢乐的可贵；如果没有黝黑、阴暗的夜晚，就没有璀璨的黎明; 没有枯萎的枝叶, 就没有翠绿的嫩芽; 没有死寂的冬眠, 就没有回春的活力; 同样的, 如果没有悔改的眼泪, 就没有重生的欢笑。

温柔 (Tenderness)

——"温柔的人有福了, 因为他们定会承袭土地。" (*Blessed are the meek, for they will inherit the earth.*) 基督徒的解释: 虚心生哀恸, 哀恸生温柔。当我们承认自己灵里一无所有, 又看见自己是一个不配的罪人时, 我们便能对自己有一个正确的态度: 不会骄傲、自夸, 乃是谦卑地对神、对人。唯有当我们有一颗温柔的心, 才能从心底欣赏、珍惜这一切, 并享受在其中, 真真正正的拥有这些福气。温柔的人能明辨神的心意, 这也就是说他们能享受神话语的丰富了, 所以说温柔的人有福了。诗篇37共五次提到承受地土。其中第9节说: "惟有等候耶和华的, 必承受地土。"第22节说: "蒙耶和华赐福的, 必承受地土。"第29节说: "义人必承受地土……"第34节有: "你当等候耶和华, 遵守他的道, 他就抬举你, 是你承受地土。"耶稣在这里引用的是旧约诗篇37第11节的话: "谦卑人必承受地土。""承受地土"是圣约中主要的祝福之一。神曾应许把地赐给亚伯拉罕、以撒、雅各, 也曾应许把地赐给以色列民。神将他们从为奴之家领出来, 带他们进入流奶与蜜之地。如果他们继续服事神, 他们就会在神赐他们的那地上安然居住、繁荣兴旺。十诫中的第五条诫命说: "当孝敬父母, 使你的日子在耶和华你神所赐你的地上得以长久。"我们知道, 圣经旧约中的一条主线就是以色列民族争夺土地的斗争过程, 其中参杂着神的干预。撇开宗教, 我们再看看温柔的魅力。

温柔, 通常用于形容一个人的性情温顺体贴。温柔是一种能力, 冷酷自私的人学不会它; 温柔是一种素质, 它总是自然地流露, 与人性同在, 藏不住也装不出; 温柔是一种感觉, 所有美丽的言词也替代不了。温柔的人充满慈爱, 会孝敬父母、善待兄妹; 温柔的人富有同情心, 会怜悯不幸, 关爱弱小。一个温柔的微笑, 可能化解无名的怒火; 一句温柔的安慰, 可能给绝望的心灵带来希望; 一次温柔的问候, 可能让消沉低落的人精神振奋。淳朴的温柔是善良与宽厚的展现; 如洒落的春雨, 能滋润漫漫人生之路; 似和煦的春风, 能抚慰寂寞与孤独; 是温暖的阳光, 丰润着秋果的甜美; 像荒漠中的甘泉, 化解饥渴, 给人力量。温柔不是女人的专利, 也非男人的虚情。女人的温柔似水, 源远流长; 男人的温柔是山, 凝重挺立。不懂温柔的女人, 是一种悲哀, 不懂温柔的男人, 是一种遗憾。真正的温柔, 乃是无价之宝, 值得珍惜; 然而, 虚假的温柔, 比粗暴更让人难受。谁拥有温柔, 谁就拥有生命的风流。温柔的人, 不管能否获得"地土", 但一定能得到友情, 受人尊敬, 拥有和谐美好的人际关系。

正义 (Justice)——"饥渴慕义的人有福了，因为他们必得饱足。"(*Blessed are those who hunger and thirst for righteousness, for they will be filled.*) "饥渴"有肉体的，生理的饥渴，他会得到暂时的满足。人只有饥饿，才会懂得饱足的可贵。吃饱了的人，吃东西也不会懂得饱足有什么可贵之处。但是一个饥饿的人，有一点食物，就会吃得津津有味、容易满足，所以有福了。但是，耶稣基督传道时要表示的，远不止是肉体的饥渴，而是心理的饥渴，灵命的饥渴。是对"义"的渴慕。要理解这句话的深意，关键在于对"义"的理解。义这个字，对中国人来说是很熟悉的。中国人讲义气、义理、公义、仁义。战国的时代有一次孟子到大梁国见梁惠王，王说：先生，你不远千里而来。是否对我们的国家有什么利益呢？孟子就说：王啊，何必讲到利益呢？只要行仁义就好了。对孟子来说利益是其次的事情，仁义才是最重要。其实孟子所讲的义和圣经所讲的义在本质和根源上是不同的。

"义"，是八福中的核心和精髓，也是基督教教义的核心概念之一，在圣经旧约和新约中反复提到，而且其意义是逐步升华的。在旧约的时代，义是代表神的命令和吩咐，这是第一层义。"我们若照耶和华我们的神所吩咐的一切诫命，谨守遵行，这就是我们的义了。(申命记6:25)"在新约中，"义"首先指的是对耶稣的笃信，皈依基督，这是第二层义。"但如今神的义在律法以外已经显明出来，有律法和先知为证。就是神的义，因信耶稣基督，加给一切相信的人，并没有分别。因为世人都犯了罪，亏缺了神的荣耀。如今却蒙神的恩典，因基督耶稣的救赎，就白白的称义(罗马书3:21-24)"其次，"义"也就是当基督徒有这个归于的义之后，基督徒重生得救了。靠着神的恩典可以有一些义行，即基督徒行为上的义，这就是第三层义。"我们要欢喜快乐，将荣耀归给他。因为羔羊婚娶的时候到了，新妇也自己豫备好了。就蒙恩得穿光明洁白的细麻衣，这细麻衣就是圣徒所行的义。(启示录19:7-8)"最高层次的"义"是基督本身，因为神就是公义，基督耶稣就是神。基督这个公义的属性是圣经里面所提到很重要的有关义的概念，圣父圣子圣灵都是公义的。"但你们得在基督耶稣里，是本乎神，神又使他成为我们的智慧，公义，圣洁，救赎。(哥林多前书1:30)"圣经说我们要饥渴慕义，最主要的是后两方面的。因为被予的义我们不要渴求，我们就可以有义，但是我们要让基督的义变成我们生命里的义，这是要靠我们的追求。所以我们说饥渴慕义，主要就是我们要有个渴慕的态度来追求基督，因为基督就是公义。义是蒙福的道路，我们在义里面、在真理里面、在神属灵的法则里面我们就蒙福。

耶稣和他的门徒们在传道中反复用饮食的需要比作灵性方面的需要，劝人坚定对耶稣基督的信仰和追求。如耶利米说："耶和华万军之神啊，我得着祢的言语, 就当食物吃了, 你的言语是我心中的欢喜快乐, 因我是称为你名下的人 (耶15:16)。""神啊, 我的心切慕你, 如鹿切慕溪水。我的心渴想神, 就是永生神; 我几时得朝见神呢 (诗42:1-2)?""耶稣回答说, 凡喝这水的, 还要再渴; 人若喝我所赐的水, 就永远不渴; 我所赐的水, 要在他里头成为泉源, 直涌到永生 (约翰福音4:13-14)。""耶稣说, 我就是生命的粮, 到我这里来的, 必定不饿; 信我的, 永远不渴 (约6:35)。""主耶稣说, 人若渴了, 可以到我这里来喝 (约7:37)。"这些话都是浅显而深刻, 且容易明白的比喻。在这里主耶稣用饥渴来形容慕义之人的态度, 可见"饥渴慕义"是出于生命的要求, 是内心自然的爱慕, 不是外面的假装, 或因人前的虚荣不得不装成渴慕的样子; 就如肉身的饥渴无法假装那样, 既自然又迫切。

脱下宗教和"神"的神秘外衣, 再来理解"饥渴慕义的现实隐喻意义。《论语》中有"夫达也者, 质直而好义", 意思是, 豁达之人必是品质正直而崇高正义的人。"义"其实就是正义、公义、普世的"善"。"饥渴慕义"就是要求我们弘扬正气, 修身养性, 一身正气。三字经开篇就是: "人之初, 性本善", 这个"善"就相当于最初层的义; 第二层义其实就是要求我们心存善念, 自觉的抵制一切罪恶和罪恶的念想, 保守这最初的善, 走正道。第三层义是要我们行善事, 最高层的义则是要我们修正气。正气, 就是正大光明之气, 激浊扬清之气。正气, 因为战胜邪恶而生存; 正气, 因为保护无辜而风采; 正气, 用博爱融化了冷漠; 正气, 使品德更显得高贵。正气之歌雄壮嘹亮, 是在唤醒愚昧, 正气之树苍翠葱郁, 必将托起希望。正气, 就是正义之风, 正直之气, 是一个人品行端正与否的判断标准。一个时代, 需要正气之人的引导; 一个国家, 需要正气之士的拯救; 一个民族, 需要正气之士的联合。若浩然正气充斥人间, 弥漫宇宙, 那就没有欺诈、没有暴力、没有战争, 我们就会生活在一个和谐美好的爱的世界, 那就是真正的"伊甸园", 名副其实的"天国"。

怜恤 (Mercy)

——"怜恤人的人有福了, 因为他们必蒙怜恤。"(*Blessed are the merciful, for they will be shown mercy.*) 怜恤的涵义丰富, 包括怜悯、可怜、同情、慈悲、宽恕、体恤、救济等。按照基督教的解释, 这句话的意思是, 同情弱者, 体恤帮助需要帮助的人有福了, 因为他们也会得到神的怜悯和帮助。上帝自己是一切怜悯的源头, 他的圣名原是: "有怜悯, 有恩典的。"(出34:6)上帝首先向世人展示了他的怜悯, 他把自己的儿子送到人间传播福音, 挽救人类失落的灵魂。主耶稣在三年传道期间, 怜恤救助了许多人: 包括有5个丈夫的撒玛利亚女人 (外邦女人)、小孩子, "让小孩子到我这里来, 不要禁止他们。"(可10:14)血漏的女人、长大麻风的病人、生来瞎眼的、税吏、妓女、夜里来访的犹太人的官尼哥底母、跟随他到旷野的5000人、被鬼附的人、得癫痫的人、与他同钉十字架的强盗等等，并且给他们生命带来了实实在在的改变。耶稣又叫他的门徒把福音传遍世界，拯救我们有罪的人类。"他看见许多的人，就怜悯他们。因为他们困苦流离，如同羊没有牧人一般。要收的庄稼多，做工的人少。于是对门徒说，你们要求庄稼的主，打发工人出去收他的庄稼"（马太福音：36-38）。在这里，耶稣把需要体恤和帮助、需要明白神的恩赐的人比喻成没有牧人的羊，把基督徒向他们传播福音比喻成工人去收庄稼。虚心的人知道自己也是罪人，因而也能宽恕别人的罪；哀恸的人凭着悲天悯人的情怀自然也就会怜悯不幸的人，同情弱者；真正的温柔者必有一颗慈悲之心，会怜悯人；慕义的人追求如神性般的善，能怜悯人则应是基本的品质。这些人都是有福的。上帝对人类怜悯和体恤，当然也希望人也能怜悯和体恤他人，怜悯人的人是合上帝的意的，必蒙上帝怜悯，所以他们也都有福了。

怜悯的前提是理解，只有设身处地的站在他人的角度来理解他人，才会有同感与同情。威尔逊说过，理解绝对是养育一切友谊之果的土壤。只有理解，人与人之间才能和睦相处，才能给自己和他人带来无限幸福。理解是阴雨天气时渴望的太阳，是干旱时一阵清凉的大雨，是迷茫时划破天空的一颗流星。生活因为理解而变得美丽，社会因为理解而更繁荣，你我因理解走到了一起。有了理解，才有尊重，也才有宽容。莎士比亚的名剧《威尼斯商人》中有这么一台词："宽容就像天上的细雨滋润着大地。他赐福于宽容的人，也赐福于被宽容的人。我们应该学会对别人表现宽容……"中国的古训中就有"宽以待人""宽大为怀"，还有"宰相肚里能撑船"的说法。林则徐有语："海纳百川，有容乃大。山高万仞，无欲则刚。"雨果留下名句："世界上最宽阔的是海洋，比海洋更宽阔的是天空，比天空更宽阔的是人的胸怀。"苏霍姆林斯基则慨叹："有时宽容引起的道德震动比惩罚更强烈。"当然宽容也应该看对象，宽容不珍惜宽容的人，是滥情；宽容不值得宽容的人，是姑息。理解与宽容，是高贵的品质，如果人人都用博大的爱心去理解与宽容，社会哪会有那么多的矛盾，人们哪来那么多的苦恼，世界又哪会有那么多的战争呢？

我们人人都需要怜悯和被怜悯。不幸的人、贫穷的人、社会的弱者当然需要得到同情、怜悯、安慰和帮助，但是看似成功的人同样需要得到怜悯。因为我们每个人都有被认可、被肯定、被接纳、被包容的内心需求，每个人都有烦恼和忧愁。政治领导被万众瞩目，受人敬仰，但是他们却承担着更大的责任，承受着更大的压力。正因为他们受到的关注，他们的每一个言行举止都要非常的谨慎，稍有不慎，可能会对民族和国家带来不好的影响，也有可能受到公众和舆论的谴责，或者被别有用心的人当作攻击的武器。影视歌坛明星受人追捧，看似风光，但是他们也存在着竞争的压力和名人都可能遇到的困苦；超级富翁也会担心被人谋财害命。更重要的是，每一个成功者的背后，往往都会有辛苦的奋斗历程。虽然当今时代科学飞速发展，人们的物质条件非常的丰富，但是人口的过度膨胀、病态的竞争现象、生活节奏的加速以及环境的剧烈变化、民族矛盾、国际竞争等等许多重要的因素加起来，已使得人类现代生活中充满了日增的压力，人类的前途危机四伏。在这种情况下，只有人人都有一颗慈悲之心、博爱之心去理解、宽容、体恤和帮助他人，人们才会过得更幸福，社会才会更和谐，世界才会更和平繁荣。

清心 (Purity)

——"清心的人有福了，因为他们必得见神。"*Blessed are the pure in heart, for they will see God.* 清心就是一颗清洁的心，是一颗无伪的心，是坚持真理、远离诡诈的心。诡诈是表里不一、三心二意，而非一心一意。你想做某一件事，却故意让人以为你在做另外一件事；你是这样感受的，但假装是另一种感受；这就是不清洁的心。清洁的心就是专注的做一件事，根据圣经多处提到的"清心"，那一件事应该就是专心祀奉神、渴慕见到神的面。只有清心的人才能得见神，只要做到清心，也就必得见神。"谁能登耶和华的山？谁能站在他的圣所？就是手洁心清，不向虚妄，起誓不怀诡诈的人。"（诗篇24:3-4）"你们亲近神，神就必亲近你们。有罪的人哪，要洁净你们的手；心怀二意的人哪，要清洁你们的心。"（雅各书4:8）"但命令的总归就是爱。这爱是从清洁的心，和无亏的良心，无伪的信心，生出来的。"（提摩太前书 1:5）所以，清心就是专一地寻求，即在凡事上寻求神的真理和价值。清心的目的是让自己的心与神的真理合一，最大限度地彰显神的价值。在这里可以看到，耶稣基督强调的是人的内心，注重的是人的心思意念。人的内心世界才是真实的，那里隐藏着人的思想和感受，虽然别人不知道，但是神知道。我们生命深处隐秘的真我是他最关注的。"耶和华不像人看人，人是看外貌。耶和华是看内心。"（撒上16:7）有些事即使我们可以辩得头头是道，若在神看来是错的，就是错的，因神是按我们的动机和内心真正的想法来衡量我们。耶稣来到这个世界，不仅是因为我们要改掉一些坏习惯，而是我们污秽的内心需要被洁净。"清心"可以说是饥渴慕义，效法基督的具体内容，也就是指我们的心灵意念完全成圣，毫无罪污的意思。耶稣指出："善人从他心里所存的善，就发出善来。恶人从他心里所存的恶，就发出恶来。因为心里所充满的，口里就说出来。"（路加福音6:45）因此，如果我们想做一个成圣、成义的人，一个大有爱心的人，就必须从"清心"开始。如果我们能让主住在我们里面，让主的慈爱、公义、圣洁、谦卑、柔和、忍耐等等美德，充满感化在我们的心灵中，那么我们的思想、言语、行为也就能自然而然地表现出主耶稣的这些美德来。

耶稣的这些传道，对于一个非基督徒来说，同样具有非常宝贵的价值。如果，我们把"神"理解成一个至高无上的道德标准，渴望得见"神"其实就是渴望自己的修为品行达到这个标准，那么，"清心的人有福了，因为他们必得见神。"这句话就可以理解成：清心寡欲、淡泊名利、常反躬自省、用最高的道德标准来审视自己的言行的人，其修为必能达到如圣似神的境界，从而也必然活得轻松、过得幸福。

中国有许多这方面修身养性的名言警句，如"清心可以寡欲，饱食就会伤体。""身安不如心安，心宽强如屋宽。"早在三国时期，诸葛亮在《戒子书》中就谈到"非淡泊无以明志，非宁静无以志远"。也就是说，君子的风范，应该以恬淡清静的心态修养自身，以俭朴淳厚的品行提升道德。如果生活不能淡泊就不会有明确的志向，如果心绪不能宁静就不会有远大的理想。"淡泊明志"可使人领略人生，顿悟人生；"宁静志远"可让人胸襟开阔，潜心修炼，达到物我两忘的"空灵"境界。一个内心恬淡清静的人，必定是一个对社会和生活充满爱心、与人相处关系融洽、心情舒畅、情绪稳定的人。

淡泊是一种平常心，是一种实实在在的生活态度，是一种对人生的释然超凡的境界。我们生活在这劲歌炫舞的时代，生活在这浮华与奢华共系的滚滚红尘中，拥有淡泊的心境，是一种难能可贵的享受，可谓知足常乐。淡泊人生，首要是淡泊名利。名利这个东西，本是身外之物，生不带来，死不带走；若不自觉，专注追名逐利，把名利当包袱来背，定会越背越沉重，压得你喘不过气。其次是淡漠荣辱。人生道路是曲折的，有过理想和失望，有过喜说与忧伤，也有过光荣与屈辱；不要把个人得失耿耿于怀，对荣辱更应置之度外。做到受宠不惊，受屈坦然。安于淡泊的人，对待生活的态度，就如一个人在尝遍美酒佳肴之后，只选择一杯绿茶为生命的极致快意，它使人襟怀坦白，宽容忍让，在纷繁激烈的社会纷争中，自己的内心深处仍保留一片桃花源。淡泊是对心灵的过滤和人格的净化，人与人之间少去了许多尔虞我诈，明争暗斗，自己的心灵少去了许多烦恼，沮丧和忧愁。不会因囊中羞涩而苦闷怯懦；不会因争某一职位而不择手段；不会因一纸文凭而绞尽脑汁；也不会因一时的失意而厌世迷惘。当你以如此淡泊的心境品味人生时，或许你会感到生活还真是有滋有味。淡泊是一种智慧，只有淡泊才能真正感受人生，品味生活。

"清心"就是要活得真实，活得坦然，不要虚情假意，不可矫揉造作，保守一颗纯真的心。"清心"就是要学会内省，要涤荡一切的罪欲、邪念、忿恨、报复、嫉妒、骄傲、虚荣、伪善、虚谎、自私、贪心、淫念、眼欲等等造成污秽不洁的心。"清心"是要在我们的心灵中充满爱心、信心、热心、忠心、诚心以及圣洁、公义、谦卑、柔和、宽容、仁慈、忍耐等等美德，达到至善至美的境界。道德的约束力往往比政府或军队更强大，如果所有人都以此为行为的准则和人生的目标，社会当然就非常美好，没有腐败、没有仇杀、没有战争，只有爱与友情、互相帮助、公平竞争和人类的共同进步，"天国"定然会在人间实现。

和善 (Peace)——"使人和睦的人有福了，因为他们必称为神的儿子。" (*Blessed are the peacemakers, for they will be called sons of God.*) 这是"八福"中的第七福，根据基督教义可以理解成：如果我们追求成为"使人和睦的人"，那我们就必然会被上帝看作是自己的儿子，就像耶稣一样，我们就有福了。因为耶稣就是上帝派来为人类赎罪的，表示上帝对人的仁慈与无尽的爱。耶稣的到来是要让人能够和上帝和好，让人和人之间和睦。假如我们也传播"天国的福音"，做使人和睦的工作，能够让一些人跟上帝和好——成为基督徒，相信和追随上帝，让人与人之间和睦，那么我们所做的工作就是耶稣所做的工作。耶稣是上帝的儿子，我们也就是上帝的儿子了，当然有福了。

回首人类的历史，神将人安置在伊甸园时，天色常蓝，花香常漫，风调雨顺，四季如春，万物祥和。自从人类始祖被蛇引诱、贪婪之心就此背离了神，伊甸园里刮起了凉风。人心因惧怕而躲避神，彼此控告，推卸责任。罪恶就此吞噬了和平，灾祸此起彼伏，战争从未完全停息，诚信渐渐变得肤浅、虚伪！人们渴望彼此相爱，然而等来的却是竞争嫉妒，和平总是那样短暂而有限。那么，按照圣经的指示，什么样的人是使人和睦的人？如何成为使人和睦的人呢？

使人和睦的人，就是和平的制造者。惟有主耶稣才是真正"使人和睦的人"。保罗说："你们从前远离神的人，如今却在基督耶稣里，靠着他的血，已经得亲近了。因他使我们和睦，将两下合二为一，拆毁了中间隔断的墙，而且以自己的身体废掉冤仇，就是那记在律法上的规条，为要将两下藉着自己造成一个新人，如此便成就了和睦。"（以弗所书2:13-15）所以，主耶稣是天人合一的金桥，是一切和睦的根本。

使人和睦的人，在教会必须止息分争。教会本是神的家，然而，魔鬼常把制造麻烦、痛苦、纷争和好生事非的人塞进教会。他们好批评、说怨言、发牢骚。因为魔鬼非常清楚，堡垒最容易从内部攻破。所以保罗恳切地劝勉我们："弟兄们，我藉我们主耶稣基督的名，劝你们都说一样的活。你们中间也不可分党，只要一心一意，彼此相合。"当今在世界各地都有基督教，然而这些不同的教派却并不一定团结, 有时会彼此攻击对方"不属灵"、"不得救"。基督才是教会的元首, 教会是基督的身体。所以, 维护教会的团结, 才是真正使人和睦的人。维护教会的团结, 才是真正使人和睦的人。使人和睦的人必须坚定不移的信仰耶稣基督。保罗语重心长地说:"我为主被囚的劝你们: 既然蒙召, 行事为人就当与蒙召的恩相称。凡事谦虚、温柔、忍耐, 用爱心互相宽容, 用和平彼此联络, 竭力保守圣灵所赐合二为一的心。身体只有一个, 圣灵只有一个, 正如你们蒙召, 同有一个指望。一主, 一信, 一洗, 一神, 就是众人的父, 超乎众人之上, 贯乎众人之中, 也住在众人之内。我们各人蒙恩, 都是照基督所量给各人的恩赐。"(以弗所书4:1-7)

使人和睦的人, 就是倚靠圣灵战胜自我的人。因为, "和平"本是圣灵所结的果子。要成为和平的使者, 首先必须听神的话, 求圣灵充满。"不要以恶报恶。众人以为美的事, 要留心去作。若是能行, 总要尽力与众人和睦。亲爱的弟兄, 不要自己伸冤, 宁可让步, 听凭主怒。因为经上记着, 主说, 伸冤在我。我必报应。所以, 你的仇敌若饿了, 就给他吃; 若渴了, 就给他喝。因为你这样行, 就是把炭火堆在他的头上。你不可为恶所胜, 反要以善胜恶。"(罗马书: 12:17-21) 抛弃一切恩怨成见, 停止世俗的挣扎, 一心追求良善, 与人和睦。主耶稣说:"所以, 你在祭坛上献礼物的时候, 若想起弟兄向你怀怨, 就把礼物留在坛前, 先去同弟兄和好, 然后来献礼物。"(马太福音5:23-24) 因此, 和睦必须从自我的诚心做起, 消除怨恨, 止息传言, 调停争论, 抚平裂痕, 化敌为友! 成为真正和平的制造者。

使人和睦首先要与神和睦, 归回耶稣基督。立志做和平的制造者, 首先要有基督耶稣的生命, 从世俗的恶习中解放出来。保罗提醒我们:"污秽的言语, 一句不可出口, 只要随事说造就人的好话, 叫听见的人得益处。不要叫神的圣灵担忧。你们原是受了他的印记, 等候得赎的日子来到。一切苦毒、恼恨、忿怒、嚷闹、毁谤, 并一切的恶毒, 都当从你们中间除掉。要以恩慈相待, 存怜悯的心, 彼此饶恕, 正如神在基督里饶恕了你们一样。"(以弗所书4:29-32) 为此, 要将全部精力投资到天国的基业上。既然我们都是天国的弟兄姐妹, 就当各尽所能, 各抒己见, 求大同, 存小异, 同心同德, 齐心协力。并且来传和平的福音给你们远处的人, 也给那近处的人。因为我们两下藉着他被一个圣灵所感, 得以进到父面前。(弗2:17-18)

使人和睦, 不是放弃基督信仰的原则。因为没有分别为圣的一团和气, 结果将是一团糟。耶和华所恨恶的有六样, 连他心所憎恶的共有七样, 就是高傲的眼, 撒谎的舌, 流无辜人血的手, 图谋恶计的心, 飞跑行恶的脚, 吐谎言的假见证, 并弟兄中布散纷争的人 (箴言6:16-19)。惟有高举"耶稣基督并他钉十字架", 和睦才有方向, 和睦才有力量。使人和睦并非逆来顺受，喜爱和平不是逃避斗争，而是主动面对事实，败坏一切破坏和睦之人的阴谋诡计。明知前有艰难试炼，依然要坚定不移地迈向和平！基督信仰就是爱憎分明，既要维护教会的团结，又要保持教会的圣洁。

圣经中是把和睦、和平寄希望于天国，是要人忠心不二、坚定不移的信奉耶稣基督，并以耶稣基督的崇高精神和行为为自己的榜样。如果把耶稣基督这个神当成是至高至诚的善的象征，我们就完全可以用世俗的眼光来理解这句话的深意，同样对我们有着非常重要的指导作用。

Peace的含义包括和平、和睦、治安、安心。是指人与人之间和睦相处、社会治安稳定、社会秩序和谐、没有暴力和战争，以及人内心的安宁与平静。无论从个体上讲，还是从社会、民族、国家、乃至整个世界来讲，都是一种理想的境界，是人们所向往的一种境界，也就是基督教中所说的"天国"的境界。

"使人和睦"之所以被放在"清心"之后，是因为"使人和睦"是比"清心"更高层次的"义"。清心是自我的修养，只有自身的素质达到了"清心"的高度，才可能真正做到"使人和睦"。使人和睦的人热爱和平，胸怀坦荡，严于律己，宽以待人，绝不会传播流言蜚语、挑拨离间、拉帮结伙；使人和睦的人在矛盾和冲突面前总是尽力寻找和平的解决办法，不会轻易动怒，付诸暴力或战争；使人和睦的人是一股积极的力量，他理解、体谅别人，充满怜悯和同情。只有在对矛盾的双方都理解和感同身受的基础上，才能真正化解矛盾，达成心灵的共识与共鸣，促成和解，使人和睦。使人和睦的人关心别人，关心集体和国家的利益，关心整个人类的福祉。

人们热爱和平，世界需要和平，然而，战争却充斥着人类发展的整个历史过程中。而且随着人类的发展，科学技术的进步，战争的规模和杀伤力，破坏性在逐步增强。20世纪经历了两次世界大战，第一次世界大战有30多个国家卷入其中，约1850万人死亡，经济损失超过3000亿美元。第二次世界大战使全世界的独立国家几乎无一幸免，约6000万人死亡，经济损失超过40000亿美元，数千年的人类文明几乎毁于一旦。尽管战争之后换来了发展，两次世界大战，从根本上改变了19世纪以来欧洲支配全球的世界格局。经过两次世界大战的打击，欧洲在地理上、政治制度上和意识形态方面都被一分为二，并处于美国和苏联的控制之下。19世纪欧洲建立的世界霸权地位如落花流水，一去不复返了。 与欧洲的不断衰落同步进行的是它所代表的殖民主义的步步后退以及最终被迫退出历史舞台。从第一次世界大战开始的世界殖民体系的解体过程，在第二次世界大战后终于得以完成。这是人类历史的极其巨大的进步，也是20世纪最伟大的变化。所以，通过历史，我们可以看到，战争是毁灭，也是重生；和平毁于战争，却在战后得到升华。

　　尽管战争往往会带来发展，然而人类所付出的代价也是惨痛的。无论发起战争的理由是如何的壮美，战争总会使无辜的百姓家破人亡，颠沛流离，伴侣失去爱人，孩子失去亲人。白发苍苍的父母欲哭无泪，娇弱的妻子伤心欲绝。特别是当今高科技的发展，大规模杀伤性武器的研发成功，会使得战争的代价更大。一些名人对战争做出了深刻的认识，如：

从来就不存在好的战争，也不存在坏的和平（富兰克林）

不为战争和毁灭效劳，而为和平与谅解服务（海塞）

战争是强迫敌人服从我们意志的一种暴力行为（克劳塞维茨）

战争的先决条件是：以好斗为唯一美德，以求和为唯一耻辱（肖伯纳）

战争使多数人流血，却养肥了少数人（威·申斯通）

师之所处，荆棘生焉。大军之后，必有凶年（老子）

战争满足了，或曾经满足过人的好斗的本能，但它同时还满足了人对掠夺、破坏以及残酷的纪律和专制力的欲望（查.埃利奥特）

战争是死神的盛宴（欧洲）

由来征战地，不见有人还（唐·李白）

战争一开始，地狱便打开（英国）

　　如何有效地避免战争，持久地维护和平，仍然是人类最为关心和必须解决的重大问题。因此，各国政府和人民应该更加理性地运用自己的聪明才智，抛弃种种极端的观念，特别是抛弃几十年来形成的冷战思维，携手攻破一个个难题。以中国政府倡导的"和平共处五项原则"作为指导国际关系准则的思想，如果能被全世界所采纳和实施，那么世界和平的愿望就更容易实现了。如最近正在发生的日本想要购买钓鱼岛的事件，是日本政治家们为了争权夺利而催发的一场闹剧，中国绝不会让自己的固有领土被他国窃取。日本这种无视历史事实，企图以破坏他国领土完整来获取自己的经济利益和政治资本的做法是要付出惨痛的代价的。在这件事情上，美国政府也应该做一个使人和睦的中介者的角色，而不应该鼓励和支持日本的非理性之举，恶化中日关系和扰乱中国的和平稳定，从而达到自己的经济和政治目的。一旦矛盾恶化到开战的局面，受伤害的不仅仅是日本、中国和美国，也会殃及整个世界，那就是人性的丑恶造成的悲剧。所以，在这场日本引发的闹剧中，各方都应该保持冷静清晰的头脑，着眼于世界和平的大局，采用公平公正的外交手段，和平地解决这一领土争端。国际社会，联合国也应发挥应有的功能，协助和平解决这一历史问题。

　　既然我们需要和平、热爱和平、渴望和平，为什么世界上有总是战火不断、纷争不息呢？为什么我国的和平共处五项原则没能成为世界各国共同遵守的戒律呢？因为，就人的本性来说，人永远不能满足的欲望、人的自私、骄傲、嫉妒和虚荣心总是希望自己比别人占有更多，有更高的地位，于是总存在着矛盾，当矛盾激化到不可调和时，就引起了纷争，导致了战争，自然也就让世界失去了真实的平安。所以，只有当对"和善"的追求深入到每个人的内心，所有世人都从善如流，当浩然正气充斥我们的宇宙时，人们才会相互尊重、相互理解，任何矛盾和冲突都可以通过和谈和协商，找到最佳的解决办法，只有这样，和平美好的"天国"才会在人间实现。

为义受逼迫 (Being Persecuted for Justice)——"为义受逼迫的人有福了，因为天国是他们的。"*Blessed are those who are persecuted because of righteousness, for theirs is the kingdom of heaven.* 这句话和随后的几句话，是耶稣预见了他的信徒们可能遭受的逼迫和挫折的前提下，对他们的鼓励。通过基督教向世界各地传播的历史，我们可以看到福音初传入一个地方的时候，那些传教的人和那些信教的人经常遭遇众人的反对和攻击，往轻里说受人的嬉笑责骂，往重里说，也许被人弃绝，被人殴打，被人下在监里，被人置于死地。在第一至第三世纪二三百年间的罗马帝国，有许多基督徒曾为基督的名遭逼迫被惨杀，有的被人用刀杀死，有的被挂在木架上，有的被人用火烧死，有的被投入野兽格斗场中，果了野兽的肚腹。就连耶稣本人后来也被挂上了十字架。

什么是"义"？这个答案我们在谈论"正义"的时候已经论述过。按照圣经里的观点，"义"就是对神笃信不疑，全心全意按照神的旨意行事、说话、追求成为真基督。为什么会因为"义"而受逼迫呢？因为，按照圣经所说，由于人类受到了撒旦的诱惑而堕落、败坏了，现在的世界充满了罪恶，在基督再次降临，审判世界之前，这世界是由撒旦所控制和操纵的。"我们知道我们是属神的，全世界都卧在那恶者手下。"（约翰一书，5:19）恶者就是撒旦，撒旦是邪恶的，基督是正义的，他们是对立的。

首先，真属基督的人信神耶稣基督，信圣经、信神的警告和应许、信神要向这邪恶的世界施行审判，然后建立他的国在地上的真基督，与撒旦统治下世人的信仰是相矛盾的，当然就会受到这个邪恶的世界的逼迫了。

真属基督的人受世界逼迫的第二个原因就是因为他们要遵行神的旨意作他所喜悦的事。而世人所作的都要照着那恶者的意思，于是世界和属基督的人便要处处发生冲突了。属魔鬼的人存心、说话、做事都要弄诡诈行虚伪，属基督的人却要凡事诚实正直；属魔鬼的人崇拜金钱，属基督的人却要一心敬拜神；属魔鬼的人凡事以人的意思和自己的私见为标准，属基督的人凡事以神的旨意和圣经中教训为标准;属魔鬼的人营私舞弊,损人利己,属基督的人公正无私,事事为别人打算;属魔鬼的人和属基督的人所走的道路非但完全不同,而且事事都相反,属魔鬼的人如何能容忍这些与他们背道而驰的基督徒事事掣他们的肘?无怪他们看那些信主的人为眼中的钉,目中的刺,必为除灭他们方肯甘心了。

真属基督的人受世界逼迫的第三个原因就是因为他们的光照耀出来,世人因为自己的行为不好,不但不爱光,反倒恨光。"光照在黑暗里,黑暗却不接受光。"(约翰福音1:5) "光来到世间,世人因自己的行为是恶的,不爱光倒爱黑暗,定他们的罪就是在此。凡作恶的便恨光,并不来就光,恐怕他的行为受责备。"(约翰福音3:19、20)主耶稣是世上的光(约8:12),他也吩咐属他的人作世上的光(太5:14),一个地方或一个团体中间没有基督徒的时候,大家所行的事所说的话可能都是邪恶的,所以谁都不觉得自己的言行可耻可恶,因此都相安无事。一旦有一个真属基督的人来到这个地方,或是加入这团体,他那诚实圣洁的生活如同光辉照耀,立时便显出那些人的恶言恶行是何等可耻何等可恨。这些人如果因此自责自恨,痛心懊悔,归向光明,那自然没有问题了。无奈除去极少数的人肯这样做以外,大多数的人不但不责备自己,反倒责备那个基督徒不该将他们的劣迹显露出来使他们难堪,使他们受损失,于是他们便羞恼成怒,起来辱骂逼迫这发光的基督徒了。

真属基督的人受世界逼迫的第四个原因就是因为他们的生活动作不为世人所了解。基督徒因为爱主的缘故,离弃罪恶,屏除嗜好,愿意忠诚服事主,不信的人不能了解他们,硬说他们假充好人别有用心。基督徒因为顺从神命的缘故,不取不义的财物,不与世人相竞争,甘心忍受种种的损失,不信的人不能了解他们,硬说他们因为信道入了迷,发了痴,成了癫狂的人。基督徒因为要保守自己清洁的缘故,不肯随从众人去舞弊营私,作伪欺人,结党分争,凶杀斗狠,不信的人不能了解他们,硬说他们包藏祸心,破坏众人的利益。基督徒因为爱人的缘故,愿意将自己的因信福音所得的好处分给别人,因此热心向人宣传福音,希望引人归主得救。不信的人不能了解他们,硬说他们想藉着领人信基督自己得利益。五十年前中国人说传道的人在井里投毒药,把人拐走,摘眼挖心;最近一些年又称呼传道的人为帝国主义的走狗,文化侵略的先锋。此外还有许多这一类的情形,都是由于世上不信的人,不能了解基督徒的心意,于是由误会而发生种种的逼迫,因此基督的门徒便举步都是荆棘了。

真属基督的人受世界逼迫的第五个原因就是因为他们指证世人的罪。我们的主曾对他的弟兄们说,"世人不能恨你们,却是恨我,因为我指证他们所作的事是恶的。"(约翰福音7:7)真属基督的人一定像他们的主也一定作他们的主所作的工，在这些工作中有一样就是，"指证人的罪恶"。爱主的人指证人的罪恶并不是要泄自己的怒气，快自己的舌头，或是为要败坏别人的名誉利益，乃是为要帮助别人悔改离开他们的罪，引他们到基督面前来，使他们得蒙拯救。不过要领人悔改得救必需先使人认识他们自己的真面目，知道他们自己的罪恶和危险，然后他们才肯来寻找救主，接受救恩。因为这个缘故，基督徒要领人信主得救，势不能不"指证他们所作的事是恶的"。但这一件事就是大多数的世人所不能忍受的。人的性情都是喜欢受人的誉扬，得人的称赞！不愿意听逆耳的忠言。如今基督徒不但不誉扬称赞人，反倒"指证他们所作的事是恶的"。又何怪他们遭遇世人恨恶逼迫呢。

明白了这些原因，我们便看出来若不是世上的人都悔改信了主，属基督的人只要忠诚事奉主，一定是免不了受逼迫的。魔鬼在世上掌一日大权，基督的忠徒就要受一日逼迫。但我们确实的知道在基督再来拘禁魔鬼以前(启示录20:1—3)，魔鬼总是在世上掌权的。那样，我们也就确知在这邪恶的世代中基督徒总要受逼迫。自然这不是说所有的基督徒所受的逼迫都是相同的。有的在家庭中受逼迫，有的在同学或同事中受逼迫，有的受邻里亲友的逼迫，有的受一切认识的人逼迫，有的受人嘲笑藐视，有的受人辱骂毁谤，有的遭人厌弃反对，有的被人攻击杀害。

那为什么说为义受逼迫的人会有福了呢？

按照圣经所说，受苦是进入神国的必由之路，既然是朝着天国的目标奋斗，受苦当然就有福了，就该当欢喜快乐了。当然，这里说的受苦，不是因为别的原因受苦，而是为义受苦。"你们若为基督的名受辱骂，便是有福的；因为神荣耀的灵常住在你们身上。你们中间却不可有人因为杀人、偷窃、作恶、好管闲事而受苦。若为作基督徒受苦，却不要羞耻，倒要因这名归荣耀给神。"(彼得前书4:12—16)。

我们可以分为几点来详细分析。第一，你受苦表明承受了基督徒的印记，这样世界才会逼迫你。如果你的行为跟世界没有两样，世界不会逼迫你，因为你与他们同伙。然而，当你不同于他们时，他们便会恨恶你，逼迫你，因为你暴露了他们的罪。第二，受苦是检验对基督的信心是否坚定的一种方式。这就是彼得前书一章6-7节所说："因此，你们是大有喜乐。但如今在百般的试炼中暂时忧愁，叫你们的信心既被试验，就比那被火试验仍然能坏的金子更显宝贵，可以在耶稣基督显现的时候，得着称赞、荣耀、尊贵。"第三，受苦能让人与罪绝断。"基督既在肉身受苦，你们也当将这样的心志作为兵器，因为在肉身受过苦的，就已经与罪断绝了。"(彼得前书4:1)那些愿意受苦的人，就是拒绝肉体诱惑的人。他们借着受苦来断绝罪在生命中的权势，受苦成为他们属灵成长的工具。第四，受苦可以补满基督受苦的缺欠。"现在我为你们受苦，倒觉欢乐，并且为基督的身体，就是为教会，要在我肉身上补满基督患难的缺欠。"（歌罗西书1:24）耶稣基督受的苦够大了，他为了救赎人的罪，献出了自己的肉身和献血。但是，要让基督救赎的福音遍步世界，就要有更多的福音使者来传播福音，如前所析，传播福音必然受苦。所以，受苦具有拯救的价值，透过受苦福音使者把基督的生命（基督的救恩）传递给他人。第五，为义受苦能得到天国丰厚的赏赐。这正是本章中的原话："应当欢喜快乐，因为你们在天上的赏赐是大的。在你们以前的先知，人也是这样逼迫他们。"

通过上述分析，我们可以看出，圣经中是把希望寄托于基督再次降临审判世界，寄托于天国的实现的基础之上而鼓励人坚守对耶稣基督的信仰，为基督徒可能遭受的苦难给出了慰心的良方。虽然"耶稣基督"和"天国"的概念在世人看来虚无缥缈，神秘难信，但是，透过这层神秘的面纱，圣经里面所宣扬的那种对于信仰的坚守与追求，是值得我们学习和深思的。回想我们中国的近现代史，中国共产党人为了坚守共产主义的信仰，何尝不是饱受了逼迫与苦难呢？

上世纪二十年代，中国被沦为了半封建半殖民地。在帝国主义，封建主义、官僚买办的欺压下，广大劳苦大众衣无掩体，食不果腹，长期生活在水生火热中。十月革命一声枪响给我们送来了马列主义，1921年7月1日中国共产党在中国成立了，从此，中国共产党就为了共产主义这个理想开始了艰苦卓绝的奋斗。首先是领导全国人民开始反对帝国主义、封建主义和官僚资本主义的斗争。在二十八年的腥风血雨中，中国共产党经历了北伐战争，国共第一合作，土地革命，抗日战争，解放战争，牺牲了千万先烈，才赢得全国的解放。1949年10月1日毛泽东同志在天安门城楼上豪迈的向全世界宣示，中华人民共和国成立了，中国人民从此站起来了，全国各族人民推翻了压在身上的三座大山，真正作了国家的主人。无论是在枪林弹雨的前线战场上，还是在血雨腥风的间谍阵营中，都有着惊天地、泣鬼神的悲壮故事。没有先烈的前仆后继，壮烈牺牲就没有中华人民共和国的诞生。

是什么力量支撑着革命先烈们经过那么多的磨难，最终取得了革命的胜利呢？战略学博导金一南教授所著的《苦难辉煌》一书，对这一问题作出了令人满意的答案。该书把中国革命放在国际大背景下去解读，诠释了中国共产党由小到大，由弱变强，最终取得革命胜利的真谛是信仰的伟大力量——中国共产党作为无产阶级的先锋队，始终坚定共产主义信仰，并以信仰为旗帜，为方向，为动力。当革命处于低谷，有的人对革命前途产生动摇，发出"红旗还能打多久"的疑问时，正是有对共产主义的坚定信仰，毛泽东同志豪迈预言："星星之火，可以燎原"。也正是有对共产主义的坚定信仰，面对敌人的屠刀，无数先烈像夏明翰一样视死如归，慷慨就义："砍头不要紧，只要主义真。杀了夏明翰，更有后来人。"也正是有对共产主义忠贞不二的信仰，一些共产党人遭受冤屈时，反而劝慰前来慰问者和后人："要相信党，相信组织……"

有谚语说："那统辖思想的，比统辖城池的更有力量。"统辖思想的力量，就是信仰。在"四面楚歌"的危险境地，是信仰支撑着我们；在"山重水复"的困难面前，是信仰激励我们获得胜利。中国共产党凭着对共产主义的坚定信仰，创造了新中国，也正是因为这个信仰，建设了新中国。我们党虽然走过不少的弯路，但她的信仰始终不变，实现共产主义理想不会改变，每个共产党人为党的事业奋斗终身的理念不会改变。从新中国成立到改革开放三十余年，六十多年的风雨，我们每一代共产党人都怀着这个理想目标奋斗不止，出现一个个英雄人物，像孔繁森、焦裕禄、雷锋他们用自己的点滴谱写了一曲曲共产主义时代赞歌，他们的事迹激励一代人，也教育了一代人。

改革开放给我们带来了高速的发展，我们的国力增强了，人民生活水平不断提高，社会进步了。社会高速发展，也给我们带来了这样那样的问题和矛盾，如何让我们每个共产党人在新的形势下继续发挥一个执政党的先进性是摆在我们每个支部的重要任务。我们必须认真组织全体党员重温党的发展历史，不忘过去，不忘职责，无私奉献，争当模范。革命战争年代，我们需要崇高的理想和坚定的信仰；和平建设时期，特别是思想观念处于多元化的今天，我们更要牢固树立远大的理想，坚定崇高的信仰。这样，我们才能克服前进道路上任何艰难险阻，再创辉煌。

耶稣在传教

第十一章 登山宝训 (二)

Preaches on the mountain (Matthew 5:13-48)
Salt and Light

13 "You are the salt of the earth. But if the salt loses its saltiness, how can it be made salty again? It is no longer good for anything, except to be thrown out and **trampled** underfoot. 14 "You are the light of the world. A town built on a hill cannot be hidden. 15 Neither do people light a lamp and put it under a bowl. Instead they put it on its stand, and it gives light to everyone in the house. 16 In the same way, let your light shine before others, that they may see your good deeds and glorify your Father in heaven.

The Fulfillment of the Law

17 "Do not think that I have come to **abolish** the Law or the Prophets; I have not come to abolish them but to fulfill them. 18 For truly I tell you, until heaven and earth disappear, not the smallest letter, not the least stroke of a pen, will by any means disappear from the Law until everything is accomplished. 19 Therefore anyone who sets aside one of the least of these commands and teaches others accordingly will be called least in the kingdom of heaven, but whoever practices and teaches these commands will be called great in the kingdom of heaven. 20 For I tell you that unless

your righteousness **surpasses** that of the Pharisees and the teachers of the law, you will certainly not enter the kingdom of heaven.

Murder

21 "You have heard that it was said to the people long ago, 'You shall not murder, and anyone who murders will be subject to judgment.' 22 But I tell you that anyone who is angry with a brother or sister will be subject to judgment. Again, anyone who says to a brother or sister, 'Raca,' is answerable to the court. And anyone who says, 'You fool!' will be in danger of the fire of hell.

23 "Therefore, if you are offering your gift at the altar and there remember that your brother or sister has something against you, 24 leave your gift there in front of the altar. First go and be **reconciled** to them; then come and offer your gift.

25 "Settle matters quickly with your **adversary** who is taking you to court. Do it while you are still together on the way, or your adversary may hand you over to the judge, and the judge may hand you over to the officer, and you may be thrown into prison. 26 Truly I tell you, you will not get out until you have paid the last penny.

Adultery

27 "You have heard that it was said, 'You shall not commit adultery.'28 But I tell you that anyone who looks at a woman **lustfully** has already committed adultery with her in his heart. 29 If your right eye causes you to **stumble, gouge** it out and throw it away. It is better for you to lose one part of your body than for your whole body to be thrown into hell. 30 And if your right hand causes you to stumble, cut it off and throw it away. It is better for you to lose one part of your body than for your whole body to go into hell.

Divorce

[31] "It has been said, 'Anyone who divorces his wife must give her a certificate of divorce.'[32] But I tell you that anyone who divorces his wife, except for sexual immorality, makes her the victim of adultery, and anyone who marries a divorced woman commits adultery.

Oaths

[33] "Again, you have heard that it was said to the people long ago, 'Do not break your oath, but fulfill to the Lord the **vows** you have made.' [34] But I tell you, do not swear an oath at all: either by heaven, for it is God's throne; [35] or by the earth, for it is his footstool; or by Jerusalem, for it is the city of the Great King. [36] And do not swear by your head, for you cannot make even one hair white or black. [37] All you need to say is simply 'Yes' or 'No'; anything beyond this comes from the evil one.

Eye for Eye

[38] "You have heard that it was said, 'Eye for eye, and tooth for tooth.'[39] But I tell you, do not resist an evil person. If anyone slaps you on the right cheek, turn to them the other cheek also.[40] And if anyone wants to **sue** you and take your shirt, hand over your coat as well. [41] If anyone forces you to go one mile, go with them two miles. [42] Give to the one who asks you, and do not turn away from the one who wants to borrow from you.

Love for Enemies

[43] "You have heard that it was said, 'Love your neighbor and hate your enemy.' [44] But I tell you, love your enemies and pray

for those who persecute you, **45** that you may be children of your Father in heaven. He causes his sun to rise on the evil and the good, and sends rain on the righteous and the unrighteous. **46** If you love those who love you, what reward will you get? Are not even the tax collectors doing that? **47** And if you greet only your own people, what are you doing more than others? Do not even **pagans** do that? **48** Be perfect, therefore, as your heavenly Father is perfect.

登山宝训 (马太福音第 5 章: 13-48)
盐和光

13. 你们是世上的盐。盐若失了味, 怎能叫他再咸呢。以后无用, 只会被丢在外面, 被人践踏了。
14. 你们是世上的光。城造在山上, 是不能被隐藏的。15.人们点灯, 也不会放在斗底下, 而是放在灯台上, 照亮房中的一切。16.让你们的光也如此照耀在人前, 以便他们看见你们的好行为, 而将荣耀归于你们在天上的父。

成全律法

17. 不要认为我是要来废除律法和先知。我来不是要废除, 而是要成全。18.我实实在在地告诉你们, 就是到天地都废去了, 律法的一点一画也不能被废去, 都要成全。19.所以无论何人废掉这诫命中最小的一条, 又教训人这样作, 他在天国就会被称为最渺小的。但无论何人遵行这诫命, 又教训人遵行, 他在天国就会被称为是伟大的。20.我告诉你们, 除非你们的义胜过了文士和法利赛人的义, 你们就绝不能进入天国。

论杀人

21. 你们听说过神对古人说过的话:"不可杀人, 凡杀人的, 难免受审判。"22.但是我要告诉你们, 凡向弟兄缘无故动怒的, 难免受审判。凡骂弟兄是拉加的, 难免受到公会的审断。凡骂弟兄是魔利的, 难免遭受地狱的火。

23. 所以你在祭坛上献礼物的时候, 若想起弟兄对你有怨恨之心, 24.就把礼物留在坛前, 先去同弟兄和好, 然后来献礼物。

25. 当你同你的对头还彼此抵触时, 就赶紧与他和好。以免他把你送给审判官, 审判官又把你交付给衙役, 你就会被投进监狱。26.我实实在在的告诉你, 你若还有一文钱没有还清, 都绝不能从那里出来。

论奸淫

27. 你们听说过神对古人说过的话:"你们不可奸淫。"28.但是我要告诉你们, 凡看见妇女就动淫念的, 这人心里已经与他犯奸淫了。29.若是你的右眼叫你跌倒, 就挖出来丢掉。宁可失去你全体中的一员, 也不能让全体都被丢进地狱里。30.若是右手叫你跌倒, 就砍下来丢掉。宁可失去你全体中的一员, 也不能让全体都被丢进地狱里。

论休妻

31. 有人说过:"若有人要休妻, 就当给她休书。"32.但是我要告诉你们, 凡休妻的, 若不是为淫乱的缘故, 就是叫她作淫妇了。别人若娶这被休的妇女, 也是犯奸淫了。

论起誓

33. 你们又听说过神对古人说过的话:"不可背誓, 所发的誓, 必须向主谨守。"34.但是我要告诉你们, 不要发任何誓言, 不可指着天发誓, 因为天是神的座位。35.不可指着地发誓, 因为地是他的脚凳。也不可指着耶路撒冷发誓, 因为耶路撒冷是大君的京城。36.也不可指着你的头起誓, 因为你不能使一根头发变黑或变白。37.你们的话, 是, 就说是, 不是, 就说不是。若再多说, 就是出于那恶者(注: 或作"是从恶里出来的")。

论以眼还眼

38. 你们听说过:"以眼还眼, 以牙还牙。"39.但是我要告诉你们, 不要与恶人作对。有人打你的右脸, 连左脸也转过来由他打。40.有人想要告你, 要拿你的里衣, 连外衣也由他拿去。41.有人逼迫你走一里路, 你就同他走二里。42.有求你的, 就给他。有向你借贷的, 不可推辞。

论爱仇敌

43. 你们听说过："你们应当爱你的邻舍，恨你的仇敌。"44.但是我要告诉你们，要爱你们的仇敌。为诅咒你们的人祈福，善待那些恨你们的人，为那些恶意利用你们，并且迫害你们的人祷告。45.这样，就可以作你们天父的儿子。因为他叫日头照好人，也照歹人，降雨给义人，也给不义的人。46.你们若只爱那爱你们的人，又能得到什么回报呢？就是税吏不也是这样做吗？47.你们若请你弟兄的安，又比别人多做了什么呢？就是外邦人不也是这样做吗？48.所以你们要完全，像你们的天父完全一样。

鉴析篇 (Appreciation and Analysis)

I. 语言点拨 (Vocabulary)

trample *vt,vi* 1. step heavily and carelessly on sth and damage it, 踩踏, 践踏: *Don't trample on the flowers.* 不要踩踏鲜花。

2. deliberately ignore and hurt sth, 践踏, 无视, 伤害: *She put out her heart before him, but he trampled on it.* 她向他奉献一片真心, 但是他却把它践踏。

3. injure or kill sth by stepping on, 踩伤, 踩死: *Hundreds of people were trampled in the subsequent panic.* 数以百计的人在随后的恐慌中被踩踏致死。

n the sound of trampling, 踩踏声: *The trample of many feet sounds louder and louder.* 许多脚步的踩踏声越来越大。

abolish *vt* put an end to sth, do away with, 废除, 取消: *The slavery system was finally abolished.* 奴隶制终于被废除了。 *It is imprudent to abolish the death penalty.* 废除死刑是轻率之举。

surpass *vt* go beyond, do better than, 超越, 胜过: *In order to catch up with and surpass the advanced world levels we'll have to accelerate our speed.* 要赶超世界先进水平, 我们还得快马加鞭。*His performance surpassed people's expectation.* 他的表现非常好, 超越了人们的预期。

reconcile *vt* 1. come to terms, 和好, 和解: *Two days after their quarrel, they are reconciled.* 他们吵架两天后又和解了。

2. make compatible with, 调和, 协调: *It is difficult but not impossible to reconcile the conflicts between*

different religions. 调和不同宗教间的冲突很难, 但不是不可能的。

3. accept as it is, 接受, 顺从: *He had to reconcile himself to not being allowed to enter the campus.* 他只好接受不能进入校园的限制。

adversary *n* (*pl* –ries) enemy; opponent (in any kind of contest). (任何比赛或竞争中的)敌手; 对手。

adultery *n* [U] voluntary sexual intercourse of a married person with sb who is not the person to whom he or she is married; [C] (*pl* –ries) instance of this. 通奸; 通奸之实例。

adulterer *n* man who commits adultery. 犯通奸罪的男人; 奸夫。

adulteress *n* woman who commits adultery. 犯通奸罪的女人; 奸妇; 淫妇。

adulterous *adj* of adultery. 通奸的。

lust *n* 1. a strong sexual desire, 淫欲, 色欲: *He his strong lust for the handsome young man tortured him greatly.* 他对那位英俊青年的强烈淫欲让他饱受折磨。

2. a very strong and eager desire for sth, (强烈的) 欲望, 渴望: *It was people's lust for fame and wealth that destroyed many people.* 正是对权力和财富的渴望摧毁了许多人。

vi to have a strong desire for sth, 渴望: *Get enough what you what need and don't lust for money and power.* 获取足够所需, 不要贪恋财富与权力。

lustful *adj*, **lustfully** *adv*

stumble *vi* 1. walk unsteadily, 跌跌撞撞地走, 蹒跚: *He stumbled home after drinking much alcohol at the party.* 晚会上他喝了很多酒, 然后跌跌撞撞的回了家。

2. step over sth and fall or almost fall, 绊脚, 失足: *He stumbled over a stone and fell down the hill slop.* 他绊到了一个石头, 滚下了山坡。

3. speak haltingly, 结结巴巴地说话: *Her voice trembled and stumble over words in the first few*

*minutes of her speech.*在演讲的前几分钟里，她声音颤抖，说话结结巴巴的。

gouge *vt,vi* 1. make a hole a groove in sth, 挖, 凿: *He gouged out the inside of the pumpkin and went on to carve it to make a Halloween lantern.* 他挖空了南瓜，又继续雕刻，准备做个万圣节灯笼。

2. obtain by coercion or intimidation, 诈取钱财, 敲竹杠: *Some taxi drivers in that city were accused of gouging customers for more money.*那个城市的某些出租车司机被指控敲诈乘客多给钱。

n 1. the result or action of gouging, 凿痕或凿的行为: *Then, Mister Brown uses rough sandpaper to smooth the gouge marks in the wood.* 然后，布朗先生使用砂纸打磨木碗上的凿痕。

2. a tool for gouging a hole in the wood, 凿子

sue *vt,vi* sue (for), 1.make a legal claim against: 起诉; 控告: *sue a person for damages,* for money in compensation for loss or injury. 控告某人要求损害赔偿。2. beg; ask: 乞; 请求: *sue (the enemy) for peace;* (向敌人)谋求和平; *suing for mercy;*求饶; *sue for a divorce,* in a law court. (在法庭)要求离婚。

pagan *n* gentile, a person who does not acknowledge God, 异教徒: *A pagan to Christian does not believe in Christ.* 基督教的异教徒是不相信耶稣的。

adj not acknowledging the God of Christianity and Judaism and Islam, 异教徒的: *Certainly there seemed little harmony between this pagan literature and the medieval colleges at Christminster.* 毫无疑问,在这种异教文学和基督寺那些中古学院之间很少协调。

2. 盐和光的隐喻 (The Metaphor of Salt and Light)

隐喻是《圣经》中最频繁使用的一种修辞手段，特别是在耶稣的传道中，他用形象的隐喻把纯语言的概念转化成了人们日常生活中熟悉的事物形象。用隐喻的形式所传的道，在理解时可能造成一定的难度，从而增添了一

种神秘的色彩，而一旦理解和明白其隐喻的含义，又让人更深刻的领会到他所传讲的道，并能留下更深刻的记忆，从而也会产生更加深远的影响。就在本段经文中，耶稣把他的门徒，也就是传道者比作世上的盐和光。我们就来分析、理解和欣赏这些隐喻吧。

"你们是世上的盐。盐若失了味，怎能叫他再咸呢。以后无用，不过丢在外面，被人践踏了。"在这个隐喻中，盐这个本体是非常重要的，可以消炎、可以调味、是维持生命的必要元素。无论是在工业中，医药中，还是在日常生活中，盐都是不可或缺的东西。耶稣把传道者比作世上的盐，突显了基督徒在世上的重要性和他们应该发挥的作用。盐的一种作用是杀菌防腐，我们知道，新鲜的肉要涂抹盐才能多放一些时辰，否则就会变坏；如果皮肤上有了小伤口，抹上一点盐就不会发炎。根据《圣经》里面的观点，世上的人都是有罪的，充满罪性的人类所组成的世界必然会腐败的，腐败的最后下场就是毁灭，所以需要盐，盐能阻止继续腐败。这就要求基督徒生活在人间靠着主的力量不仅自己有免疫力，还要发挥抑止罪恶扩散的功用。也就是说，基督徒必须要向世人传达基督救世的福音，劝人悔改，忠心皈依耶稣基督。正如盐可以调味和保存食物一样，基督徒们也要努力保存世上美好的事物不被破坏，并且为生命带来新的味道。

盐的另一个特性就是，要发挥它的作用，就必须溶解、调和、渗透在食物中，才能使食品有滋味。这里的隐喻意义就是说基督徒要有为了主的救赎事业而自我牺牲的精神，要敢于为义而牺牲自己在人间的"幸福"，甚至是性命。这也是耶稣反复强调的一点。如"于是耶稣对门徒说，若有人要跟从我，就当舍己，背起他的十字架，来跟从我。因为凡要救自己生命的，必丧掉生命。凡为我丧掉生命的，必得着生命"（马太福音16:24-25）。就在本段经文前面耶稣讲八福时也有提到："为义受逼迫的人有福了，因为天国是他们的。人若因我辱骂你们，逼迫你们，捏造各样坏话毁谤你们，你们就有福了。应当欢喜快乐，因为你们在天上的赏赐是大的。在你们以前的先知，人也是这样逼迫他们"（马太福音5:10-12）。

中东地区用的岩盐会失味，盐一旦失了味，就没有用了，不过在外面被人践踏了。这里的隐喻意思是警告基督徒们，自己要坚定不移的信奉耶稣基督，并且发挥一个基督徒应有的作用。如果一个基督徒自己都不能保持一个基督徒的标准而败坏了，他就不能为世人造福，不能做为神的福音使者向世人传播福音，解救众生，这样的假基督就如失了味的盐被人抛弃践踏一样，也会失去神的怜爱与保护。在此，我们可以联系耶稣后面的两句话："若是你的右眼叫你跌倒，就挖出来丢掉。宁可失去你全体中的一员，也不能让全体都被丢进地狱里。若是右手叫你跌倒，就砍下来丢掉。宁可失去你全体中的一员,也不能让全体都被丢进地狱里。"这两句话的表层意思是要求基督徒们严格要求自己,绝不轻饶自己的罪行。"严于律己,宽以待人"也是耶稣传教中多次强调的一种素质。更深层的意思是把基督的信徒们当成一个整体,倘若有的基督徒因为抵挡不了尘世的诱惑,或者说是撒旦的引诱而自甘堕落,离神叛教,那么就不能姑息,要受到惩罚,以免影响了其他的基督徒。

耶稣又把基督徒们比作世上的光。"你们是世上的光。城造在山上,是不能隐藏的。人点灯,不放在斗底下,是放在灯台上,就照亮一家的人。你们的光也当这样照在人前,叫他们看见你们的好行为,便将荣耀归给你们在天上的父。"神创造世界的第一句话就是:"要有光"。有了光,才有了多姿多彩的世界。艾青在《光的赞歌》中写道:

"世界要是没有光,等于人没有眼睛……世界要是没有光,也就没有扬花飞絮的春天,也就没有百花争艳的夏天,也就没有金果满园的秋天,也就没有大雪纷飞的冬天。世界要是没有光,看不见奔腾不息的江河,看不见连绵千里的森林,看不见容易激动的大海,看不见象老人似的雪山……光给我们以智慧,光给我们以想象,光给我们以热情,光帮助我们创造出不朽的形象……"。

我们的词语中有"光荣"、"荣光"、"灵光"。光驱散黑暗,给人带来希望、力量和温暖。可见,光对于世界的作用是如何之大。在《圣经》中,光也是万物之源,因为约翰一书第一章第五节是这样写的"上帝就是光,在他毫无黑暗。""耶稣又对众人说,我是世上的光。跟从我的,就不在黑暗里走,必要得着生命的光"(约翰福音8:12)

耶稣把基督徒们称作是世上的光,同样是在强调基督徒们的重要性和他们要担负起的神圣使命。光比盐更升华了一个层次,光照亮了世界,为人指明了道路;有光的地方,就没有黑暗,污秽肮脏的东西就无处遁形。光,就像造在山上的城一样,是不能隐藏的。只要基督徒心中有神,并带着神赋予他们的灵性和荣光去行为做事,人们就定会看到他们的优秀品质。既然上帝赋予了基督徒们光的荣耀,他们就应该去发挥光的作用,为人们驱散黑暗,带来光明和希望,而不能隐藏起来,韬光养晦。基督徒发挥光的作用,一方面是要向世人传播基督的福音,劝人悔改,皈依基督,另一方面是要帮助身边的人,就像耶稣帮助那些弱者一样。基督有完全的人性,也有完全的神性,基督爱世人,一定愿意将福音传给他们,但不止于传福音,一定也关心他们生活的需要,因为活着的人,不是没有身体的灵魂,也不是没有灵魂的身体,而是身心灵合一的完全的人。基督在地上所要关心的也不只是人灵魂得救,也要关心身体的需要。做到两者都不偏废,领会上帝的旨意,完成耶稣所留给的大使命,才不负基督的称谓。

耶稣的这些教义，也是可以适用于其他的信仰的，就以信仰共产主义的中国共产党人为例吧。作为一个共产党员，也应该发挥"盐"和"光"的作用，在革命战争时期，无数共产党员为了解放新中国受尽了苦难、甚至献出了年轻的生命，是他们的奉献和牺牲，换来了全国人民的解放和中华人民共和国的成立。那些为了党和国家的利益，为了人民的解放而牺牲了的，虽然他们的肉身已经离我们而去，有的留下了名字，会被后代永记，像刘胡兰、董存瑞、黄继光等等，有的英雄名字都没有留下，但是他们的精神与世长存，我们世世代代的后人不会忘记他们，他们虽死犹生。在新中国的和平建设年代，共产党员仍然要发挥党的先进性。就像基督徒要长期诵读《圣经》，经常祷告，与神沟通，反思和审视自己的思想与言行，得到神的启发与指示一样，共产党员也要经常进行理论学习，学习马列主义、毛泽东思想、邓小平理论和"三个代表"重要思想以及党的各项方针政策，提高认识、分析和处理问题的能力。要进行党性教育，时刻把党和人民的利益视为自己全部活动的出发点和归宿，讲责任、讲奉献，忠实地实践全心全意为人民服务的宗旨。要处处发扬党的优良传统和作风，自觉地抵制拜金主义、享乐主义和各种腐朽思想，在各项工作中发挥先锋模范作用。作为党员，我们要始终向着共产主义这个目标坚定不移的奋斗，让自己优秀品质和优良作风像光一样散发开来，带给人温暖和希望，为人指明方向。共产党员还要像光一样驱散黑暗，敢于与黑暗势力作斗争，让公平、正义、诚信、和善等等美的荣光普照世界，让一切贪婪、自私、嫉妒、骄傲等等丑恶灰飞烟灭，销声匿迹。就像基督要把福音传遍世界一样，我们共产党人，不仅要爱自己的国家，爱自己的人民，更要放眼世界，爱整个社会，爱全人类，要把创造和平繁荣的世界，在全世界实现共产主义，也就是让"天国"在人间实现当成我们的最终目标。

就像盐不能失去味一样，作为共产党员，要始终保持一个共产党员的本色，绝不能动摇共产主义的信仰。绝不能做有违人民和国家利益的事，不能做有碍先进文化发展，先进文明传播的事，绝不能叛党。在革命斗争时期，有的人或者经受不住艰难困苦的考验，或者抵挡不住金钱美女的诱惑，变了节，当了叛徒。譬如陈公博、周佛海因为追随汪伪政权作汉奸，抗战胜利后被中国政府处决；张国焘由于个人私欲的极度膨胀而得不到满足，而选择了叛逃之路。只是投靠国民党后依然郁郁不得志，最终冻死在加拿大多伦多敬老院，晚境凄惨。在和平的建设年代，也有共产党以权谋私，拿国家的钱，做自己的事，不为民谋福利，不为国家发展作贡献，反倒成了社会的蛀虫。那些盘踞在中国政界、经济、文化等方面的"精蝇"，貌似以共产党人的身份最大化掠取、享受体制的各种优越条件，但其骨子里早已背叛了共产党的崇高信仰。无耻、凶残、卑鄙，直至恶事坏事做绝是叛徒的共有特征。但有句话是这样说的: 上帝要让他死亡, 必先使他发狂! 无论先前怎样的跳跃纵窜, 但既然选择作叛徒, 选择了自绝于党、自绝于人民的不归路, 就只能是自取灭亡。虽然他们因为特定社会大环境的影响可能会暂时春风得意、洋洋自得, 但一部历史告诉人们, 作可耻的叛徒, 终归难逃被灭亡的命运。当然, 我们不能消极的等待神的审判来伸张正义, 而要加强思想教育, 加强管理, 加强反腐倡廉的工作。或者说, 神要实现其在人间的使命, 还是需要通过人自己去努力。在中国这样一个一党主政的情况下, 一方面要加强党内的整顿, 务必保持党员的党性, 对违反党、国家和人民利益, 阻碍人类和平发展的腐败的党员要绝不手软的严惩, 另一方面, 要强化其他党派和全国人民的对执政党执政的监督机制。现在是个信息开放的时代, 共产党要敢于接受群众的监督, 不要封闭信息交流的渠道。如果每一个党员都能真正保持党性、发挥党员的先进性, 充当除菌防腐的盐, 照亮世界的光, 还怕被人知道吗?

然而, 任何的整顿、任何的监督和惩罚, 都只是一种反腐倡廉, 维持公平正义的方法和手段, "上有政策, 下有对策", 有正的方法和手段, 就能想到反的方法和手段, 治标而不能治本。真正起决定作用的, 还是人心。试想, 如果那些高官, 具备了《圣经》八福中的那些品质, 他们还会去以权谋私吗?如果他们虚心, 就会懂得, 他们的权力是国家和人民赋予的, 是要为国家和人民服务的; 如果他们哀恸, 有悲天悯人之心, 就会一心想着如何发展社会, 如何造福全人类; 如果他们温柔, 就不会仗着自己的权势骑在人民头上作威作福; 如果他们饥渴慕义, 公平正义就会是他们行事的风格; 如果他们怜恤他人, 就不会无视人民的疾苦和国家的危难; 如果他们清心寡欲, 志存高远, 就不会迷恋金钱和权利, 受其诱惑; 如果他们使人和睦, 就不会滥用自己的权力为社会造成不公, 激起不满与愤怒; 如果他们敢于为义受逼迫, 就会大胆的揭露腐败, 而不会官官相护, 狼狈为奸。所以, 我们可以理解为什么耶稣那么重视福音的传播, 因为福音的核心内容是要人追求至高至上的善, 心灵和思想达到神的境界。而八福所传达的伦理道德标准也正是一个真正的共产党员应具备的素质。只是基督教蒙上了那层神的神秘面纱, 让相信科学的人们难以接受而已。如果我们把神理解为至高至上的善, 就很好理解基督的教义了。共产党人, 以及所有的人类都应该去追求那至高至上的善, 只有这样, 人间才会消除罪恶, "天国"才会"降临"人间。

3. 宽容 (Forgiveness)

继八福之后, 耶稣又阐述了方方面面的许多问题, 用说理、举例等方式告诫听众该如何行事做人, 如何服从神的旨意、相信神、依赖神。宽容、忍耐与博爱的精神贯穿在教义之中。"你们听见有吩咐古人的话，说，不可杀人，又说，凡杀人的，难免受审判。"不可杀人，这是自古就有的律法，杀人的，难免受到审判。杀人偿命，一般来说，故意杀人罪是要判处死刑的，即便有的国家不判处死刑，杀人了总是要受到严厉的惩罚的。"只是我告诉你们，凡向弟兄动怒的，难免受审判。凡骂弟兄是拉加的，难免公会的审断。凡骂弟兄是魔利的，难免地狱的火。"耶稣特别强调了弟兄之间的和睦，不可对弟兄动怒，不可辱骂弟兄。"弟兄"有着双重含义，首先是指血缘上的弟兄。其次是指基督徒之间，在基督教会里，凡信仰耶稣基督的都被视为弟兄。为什么耶稣会强调弟兄的和睦呢？这要从亚当的儿子，该隐和亚伯说起。该隐由于嫉妒而杀死了自己的亲兄弟亚伯，造成了人类的第一次谋杀，那是惨痛的经历。弟兄之间本有血缘亲情，也被称为手足情，可是为什么会造成那样的悲剧呢？正如以前分析过，那是人性的罪恶引起的，是出于嫉妒。而嫉妒往往会发生在亲近的人之间，朋友，或亲人。如果一个陌生人比你强，比你富裕，比你优秀，也许并不能在你心里造成多大的影响。而当你身边的人，本来是和你有着相似起点，甚至更差的起点，后来却在某方面比你更好，更优越，也许你就会嫉妒。因为你可能觉得别人的优秀凸显了你的拙劣；别人的光彩照人让你自己显得暗淡无光；如果你不认真的分析别人成功的原因，看不到别人的勤奋或其他优秀的品质，无视自己的懒惰或其他的不足，而归咎于社会或命运的不公，或者迁怒于比你更优秀或更"幸运"的人，嫉妒就产生了。人与人之间团结，和睦是基督的要求，弟兄之间当然首先要和睦相处，这才能去教化众生，影响众生。要和睦，就不可恶语相向，就需要理解和宽容。宽容不仅体现着人性的仁爱，更体现着一种智慧的技巧。宽容会让高尚者的心灵更清澈，让卑鄙者的灵魂更龌龊。最高贵的复仇是宽容，在宽容的智慧下，会使自私者无地自容。宽容使软弱的人觉得这个世界温柔，使坚强的人觉得这个世界高尚。

4. 忍耐 (Tolerance)

有宽容，也就有忍耐。"你们听见有话说，以眼还眼，以牙还牙。只是我告诉你们，不要与恶人作对。有人打你的右脸，连左脸也转过来由他打。有人想要告你，要拿你的里衣，连外衣也由他拿去。有人强逼你走一里路，你就同他走二里。"有人对这种宣扬逆来顺受的哲学的真实性持怀疑态度。福音书中许多地方说明，耶稣有爱也有恨。他爱的是那些处在水深火热之中，走投无路的下层犹太人民，他惯坏他们，给他们希望。他憎恨罗马统治者和犹太教会上层，他揭露法利赛派虚伪、欺骗，他号召人民斗争、反抗。耶稣并不是提倡一味忍受的奴才哲学的宣传家，而是"怒目金刚"式的革命家[22]。那么这段话又作何解释呢？按照《圣经》的观点，别人羞辱了你，打了你，是别人犯了罪，为你赎了罪，在神的眼里，你不是吃了亏，反而是蒙了福，既然如此，又何须与恶人作对呢？耶稣是在教人忍耐，那是一种很高的境界。忍耐的品质也是佛教所重视的。《金刚经》中就有这样的话："忍辱般若密非忍辱般若密，是名忍辱般若密。"意思是：真正的忍辱是自己都不知道自己忍辱了，才能算真正的忍辱。当然前提是，自己先要求自己忍辱，慢慢心胸宽广了，自然可以做到随顺自然的忍辱了。佛教认为人们应该宽容，因为只有宽容才能产生慈悲，而给世界与人类一个美好的前途。如果我们没有宽容而只有仇恨，那么我们将活在火宅中，并最终葬生火海。古今中外关于忍耐的名言、警句多不胜数："忍字头上一把刀，为人不忍祸自招"、"能忍者身自安"、"忍得一时之气，免得百日之忧"、"忍一时风平浪静，退一步海阔天空"等等。美国的朗弗罗告诫我们："忍耐是成功的一大因素"。古罗马奥维德也曾经说过："忍耐和坚持是痛苦的，但它逐渐给你带来好处"。罗马喜剧作家劳道斯有这样一句名言："解决一切问题的最佳方法乃是忍耐"。人要与人、与大自然和谐相处，就得学会忍耐。

忍耐是一种积极的人生态度，是经历挫折后的一种持重。当一个人选择的目标确定之后，除了审时度势，顺势而为外，必须学会忍耐。许多人干成事业，许多大人物成就伟业，忍耐的性格和品质起着一定作用。战国时，赵国大将廉颇对蔺相如被赵王拜为上卿很不服气，扬言非羞辱蔺相如不可。而蔺相如知道此事后，为了国家的利益，以大局为重，对廉颇处处忍让，以礼相待。廉颇最后得知缘故后十分悔恨，负荆请罪，二人化干戈为玉帛，唱响一曲感人肺腑的"将相和"。邓小平同志在战争年代，指挥千军万马浴血奋战，解放以后为了社会主义建设的伟大事业，日夜操劳，呕心沥血，然而在其一生革命生涯中，他三次被打倒，甚至被下放到工厂劳动，人格、精神受到极大摧残，但为了党和人民的事业，他忍辱负重，忍常人所不能忍，容常人所不能容，终于东山再起，为我们绘制了改革开放的宏伟蓝图，成为改革开放的总设计师。

忍耐是一种做人的精神品质，是由成年走向成熟的必然经历，是一种聚集起来的坚强毅力，是成功过程中一种必要的手段。忍耐是一种境界，不以物喜，不以己悲，坚忍不拔地追求并排除万难有所超越才是忍耐的外延。忍耐可以帮助我们穿透烦恼，获得真谛。忍耐不是目的，而是一种策略，小不忍则乱大谋。春秋时，越国被吴国打败，越王勾践立志报仇雪耻，忍受了吴王

---

[22] 陈钦庄.基督教简史.P:52

的百般奚落、侮辱和欺凌，卧薪尝胆，等待时机，终于书写了"三千越甲可吞吴"的壮观历史。我国历史上著名的楚汉战争中，刘邦忍耐一时的屈辱，面对强大的项羽俯首称臣，为项羽歌功颂德，又带着丰厚的礼品到鸿门拜见项羽，刘邦把忍耐作为一种谋略，麻痹了敌人，赢得了战机，蓄精养锐，最后夺得了胜利。

但是，忍耐不是善恶不分、软弱无能的随波逐流，是把某种情绪抑制住，在困苦的环境中坚持下去。我们提倡的忍耐，是一种健康的、明智的决择，是一种积极的、公正的忍耐，这种忍耐是有原则的，有尺度的。如果面对侵害人民利益，阻碍社会和平发展的人和事，选择忍耐则是愚昧无知。面对邪恶，选择忍耐，就会助长邪恶，就是对人民的犯罪。耶稣所说的面对恶人的忍耐，又有着特殊的含义。一方面，让他们不反抗，是要他们把自己完全托付给神，由神来做最后的审判，另一方面，通过他们的这种仁爱和宽容，来彰显神的博爱与仁慈。更重要的是，耶稣是充分考虑到当时的基督徒们所处的不利环境，他们常常被人羞辱、奚落和迫害，而反抗又缺乏足够的力量，从而给他们来了点精神上的安慰剂，以免他们做无谓的反抗而招致更加恶劣的报复。好汉不吃眼前亏，我们要勇敢地与邪恶作斗争，但也不能做无谓的牺牲，要讲究策略和方法，就如毛泽东在《目前抗日统一战线中的策略问题》中提出的对敌战争"三原则"那样，做到"有理、有利、有节"。那是一种大气的处事之道，不拘小节，方可张驰有度；是一种理性思维，头脑清醒，方能步步为营；是一种感性情绪，拥有斗志，方显满怀激情；是一种战术，讲究策略，方行胜利之途。是一种为人气质，不盲进，亦不无原则退缩；不剑拔弩张，亦不停止不前。

5. 博爱 (Love)

"你们听见有话说：当爱你的邻舍，恨你的仇敌。只是我告诉你们：要爱你们的仇敌，为那逼迫你们的祷告。这样，就可以作你们天父的儿子。因为他叫日头照好人，也照歹人，降雨给义人，也给不义的人。你们若单爱那爱你们的人，有什么赏赐呢？就是税吏不也是这样行吗？你们若单请你弟兄的安，比人有什么长处呢？就是外邦人不也是这样行吗？所以你们要完全，像你们的天父完全一样。"耶稣的这一段话，充分体现了基督教所倡导的博爱的精神。爱的源头在于上帝之爱。上帝创造了天地万物和人类，当然爱自己的所造之物，上帝对人恩赐的爱，首先就表现在上帝通过自己的儿子耶稣实现对有罪的人的救赎。上帝爱人，也需要人对上帝忠诚虔敬，爱上帝。这就是人与上帝之间的互爱。"你要尽心、尽性、尽意爱主你的神，这是诫命中的第一，且是最大的。其次也相仿，就是要爱人如己。这两条诫命是律法和先知一切道理的总纲"(《马太福音》22:37—40)。"我赐给你们一条新命令，乃是叫你们彼此相爱；我怎样爱你们，你们也要怎样相爱。你们若有彼此相爱之心，众人因此就认出你们是我的门徒了。"(《约翰福音》13:34)。人爱上帝的表现是遵守神的诫命，服从神的意愿。神要求人们彼此相爱，就像神爱人一样。人与人之间的关爱是人爱上帝的一种方式与途径。上帝之爱是博大而没有偏私的，所以也要求人与人之间要有广博的爱，不能仅仅爱我们的邻居、爱爱我们的人，还要爱所有的人，包括我们的仇敌。当然这是一种很难达到的境界，而这正是天父的境界，神性的境界，是我们应该努力追求达到的境界。正是《圣经》中这种博爱的精神深深影响了西方文化，西方的慈善事业和福利制度的兴盛和发达与基督教的博爱精神有着密不可分的关系，为西方以剥削劳动者的剩余价值为基础的资本主义制度带来了温馨仁慈的润滑剂。

《圣经》中关于对爱的阐述和定义有很多处，请欣赏下面两段话：

"我若能说万人的方言，并天使的话语，却没有爱，我就成了鸣的锣，响的钹一般。我若有先知讲道之能，也明白各样的奥秘，各样的知识，而且有全备的信，叫我能够移山，却没有爱，我就算不得什么。我若将所有的周济穷人，又舍己身叫人焚烧，却没有爱，仍然与我无益。爱是恒久忍耐，又有恩慈；爱是不嫉妒，爱是不自夸，不张狂，不作害羞的事，不求自己的益处，不轻易发怒，不计算人的恶，不喜欢不义，只喜欢真理；凡事包容，凡事相信，凡事盼望，凡事忍耐。爱是永不止息。"（哥林多前书13:1-8）

基督教的博爱精神与中国传统孔孟儒学中的仁爱思想有着很大的相似之处。《论语》载："樊迟问仁。子曰：'爱人'。"（《论语·颜渊》）。即人与人之间要彼此相爱。这已被看作是孔子对"仁"的经典解释。孔子重调节现实社会中人与人的关系，提出伦理思想的根本原则是"仁者爱人"，这是孔子文化继承中的文化创造。人不仅能够"爱亲"："孝悌也者，其为人之本与"（《论语·学而》），而且能够"泛爱众"："弟子入则孝，出则悌，谨而信，泛爱众而亲仁"。（《论语·学而》）可见，"仁"的范围已经不限于"亲亲"的原则，不仅涉及家族内部成员，而且超越了家、族、国的界限，进一步推向天下、万民和世界，是"博施于民而能济众。"（《论语·雍也》）这就突破了"殷道亲亲"、"周道尊尊"的拘囿。孟子则作了进一步的推演："君子之于物也，爱之而弗仁。于民也，仁之而弗亲，亲亲而仁民，仁民而爱物"。（《孟子·尽心上》）"仁者以其所爱及其所不爱"，（《孟子·尽心上》）"人皆有所不忍，达之于其所忍，仁也。"（《孟子·尽心上》）这里"所爱"、"所不爱"、"所不忍"、"所忍"都是由自然情感角度而言，"所爱"、"所不忍"当是亲人或其他关系密切者，"所不爱""所忍"当是非亲非故者。所以，只有包含亲人以外的人的"爱"才能算做"仁"，这应是儒家的共识。孟子说："孔子，圣之时者也。孔子之谓集大成。集大成也者，金声而玉振之也。金声也者，始条理也。玉振之也者，终条理也。始条理者，智之事也。终条理者，圣之事也。"(《孟子·万章下》)孔子的"始条理"和"终条理"实质突破了"仁者爱人"在血缘孝悌层面的意义，他已经将父慈子孝、长幼有序推广至社会和天下，亦即"老吾老以及人之老，幼吾幼以及人之幼。"(《孟子·梁惠王上》)"四海之内皆兄弟也。"(《论语·颜渊》)后来韩愈称"博爱之谓仁"，是对孔、孟"仁"的精神的准确概括。"仁者爱人"已突破了宗子之爱、血缘之亲，成为华夏诸族的共同心理和人所遵循的基本社会道德。(李春华，2009)

　　博爱与仁爱思想都教诲人们爱人如己、扶贫济弱、遵纪守法，是处理人际关系的重要规范。它们都要求人们不离经叛道，要服从统治、遵守安排。要求人们遵守人类社会中永恒不变的秩序，即孝敬父母，尊老爱幼，父子相亲，夫妇相爱，兄弟有情，朋友有信。我们把西方博爱思想与儒家东方传统仁爱思想结合起来，通过对自己本性的理解，不断修养德性，成为负责、有爱心的个人，处理好人际的关系。以自己的德性、生命的自觉来润泽他人，遍润于一切存在。基督教提出的"爱人如己"之爱以及人人所向往的平等、公义的社会理想，和儒家倡导的"仁者爱人"之爱以及通过"克己、修己"而实现的"老者安之，朋友信之，少者怀之"(《论语·公冶长》)的社会理想，就目标而言有较大的一致。而这种理想、和谐社会的极致，在基督教那里，就是"公平要住在旷野，公义要居在肥田。公义的果效必是平安，公义的效验必是平稳，直到永远。我的百姓必住在平安的居所"(以赛亚书32:16—18)的弥赛亚时代；在儒家思想中，就是《礼记·礼运篇》中所描述的著名的"大同"世界。基督教之平等、公义的理想社会与儒家之"大同"世界是相似的社会理想与目标的设定。最终极的形式其实就是"天国"和我们共产党人所向往和追求的"共产主义社会"。

第十二章 天国的寓言

MATTHEW 13
The Parable of the Sower

13 That same day Jesus went out of the house and sat by the lake. ² Such large crowds gathered around him that he got into a boat and sat in it, while all the people stood on the shore. ³ Then he told them many things in parables, saying: "A farmer went out to sow his seed. ⁴ As he was scattering the seed, some fell along the path, and the birds came and ate it up. ⁵ Some fell on rocky places, where it did not have much soil. It sprang up quickly, because the soil was **shallow.** ⁶ But when the sun came up, the plants were **scorched**, and they **withered** because they had no root. ⁷ Other seed fell among thorns, which grew up and **choked** the plants. ⁸ Still other seed fell on good soil, where it produced a crop—a hundred, sixty or thirty times what was sown. ⁹ Whoever has ears, let them hear."

¹⁰ The disciples came to him and asked, "Why do you speak to the people in parables?"

¹¹ He replied, "Because the knowledge of the secrets of the kingdom of heaven has been given to you,but not to them. ¹² Whoever has will be given more, and they will have an **abundance.** Whoever does not have, even what they have will be taken from them. ¹³ This is why I speak to them in parables:

"Though seeing, they do not see;
though hearing, they do not hear or understand.
¹⁴ In them is fulfilled the prophecy of Isaiah:

"'You will be ever hearing but never understanding;
you will be ever seeing but never perceiving.
¹⁵ For this people's heart has become **calloused**;
they hardly hear with their ears,
and they have closed their eyes.
Otherwise they might see with their eyes,
hear with their ears,
understand with their hearts
and turn, and I would heal them.'

¹⁶ But blessed are your eyes because they see, and your ears because they hear. ¹⁷ For truly I tell you, many prophets and righteous people longed to see what you see but did not see it, and to hear what you hear but did not hear it.

¹⁸ "Listen then to what the parable of the sower means: ¹⁹ When anyone hears the message about the kingdom and does not understand it, the evil one comes and **snatches** away what was sown in their heart. This is the seed sown along the path. ²⁰ The seed falling on rocky ground refers to someone who hears the word and at once receives it with joy. ²¹ But since they have no root, they last only a short time. When trouble or persecution comes because of the word, they quickly fall away.²² The seed falling among the thorns refers to someone who hears the word, but the worries of this life and the deceitfulness of wealth choke the word, making it unfruitful. ²³ But the seed falling on good soil refers to someone who hears the word and understands it. This is the one who produces a crop, yielding a hundred, sixty or thirty times what was sown."

The Parable of the Weeds

24 Jesus told them another parable: "The kingdom of heaven is like a man who sowed good seed in his field. 25 But while everyone was sleeping, his enemy came and sowed weeds among the wheat, and went away. 26 When the wheat sprouted and formed heads, then the weeds also appeared.
27 "The owner's servants came to him and said, 'Sir, didn't you sow good seed in your field? Where then did the weeds come from?'
28 "'An enemy did this,' he replied.
"The servants asked him, 'Do you want us to go and pull them up?'
29 "'No,' he answered, 'because while you are pulling the weeds, you may uproot the wheat with them.30 Let both grow together until the harvest. At that time I will tell the harvesters: First collect the weeds and tie them in bundles to be burned; then gather the wheat and bring it into my barn.'"

The Parables of the Mustard Seed and the Yeast

31 He told them another parable: "The kingdom of heaven is like a mustard seed, which a man took and planted in his field. 32 Though it is the smallest of all seeds, yet when it grows, it is the largest of garden plants and becomes a tree, so that the birds come and **perch** in its branches."
33 He told them still another parable: "The kingdom of heaven is like yeast that a woman took and mixed into about sixty pounds of flour until it worked all through the dough."
34 Jesus spoke all these things to the crowd in parables; he did not say anything to them without using a parable. 35 So was fulfilled what was spoken through the prophet:
"I will open my mouth in parables,
I will utter things hidden since the creation of the world."

The Parable of the Weeds Explained

³⁶ Then he left the crowd and went into the house. His disciples
came to him and said, "Explain to us the parable of the
weeds in the field."

³⁷ He answered, "The one who sowed the good seed is the Son of
Man. ³⁸ The field is the world, and the good seed stands for
the people of the kingdom. The weeds are the people of the
evil one, ³⁹ and the enemy who sows them is the devil. The
harvest is the end of the age, and the harvesters are angels.

⁴⁰ "As the weeds are pulled up and burned in the fire, so it will
be at the end of the age. ⁴¹ The Son of Man will send out his
angels, and they will weed out of his kingdom everything
that causes sin and all who do evil. ⁴² They will throw them
into the **blazing furnace**, where there will be weeping and
gnashing of teeth. ⁴³ Then the righteous will shine like the
sun in the kingdom of their Father. Whoever has ears, let
them hear.

The Parables of the Hidden Treasure and the Pearl

⁴⁴ "The kingdom of heaven is like treasure hidden in a field.
When a man found it, he hid it again, and then in his joy
went and sold all he had and bought that field.

⁴⁵ "Again, the kingdom of heaven is like a merchant looking for
fine pearls. ⁴⁶ When he found one of great value, he went
away and sold everything he had and bought it.

The Parable of the Net

⁴⁷ "Once again, the kingdom of heaven is like a net that was let
down into the lake and caught all kinds of fish. ⁴⁸ When it
was full, the fishermen pulled it up on the shore. Then they
sat down and collected the good fish in baskets, but threw

the bad away. [49] This is how it will be at the end of the age. The angels will come and separate the wicked from the righteous [50] and throw them into the blazing furnace, where there will be weeping and gnashing of teeth.

[51] "Have you understood all these things?" Jesus asked.

"Yes," they replied.

[52] He said to them, "Therefore every teacher of the law who has become a disciple in the kingdom of heaven is like the owner of a house who brings out of his storeroom new treasures as well as old."

天国的比喻 (马太福音第13章)
撒种的比喻

13 当一天, 耶稣从房子里出来, 坐在海边。2. 有许多人聚集到他那里, 他只得上船坐下。众人都站在岸上。3. 他用比喻对他们讲许多道理, 说: "有一个撒种的出去撒种, "4. "当他撒种时, 有些种子落在路旁, 被飞鸟过来吃光了; "5. "有些落在没有多少土的石头地里。因土不深, 很快就发苗了; "6. "太阳出来一晒, 因为没有根, 就枯干了; "7. "有些落在荆棘里。荆棘长起来, 就被荒芜了。"8. "但是其他那些落在好土里的, 就结实, 有一百倍的, 有六十倍的, 有三十倍的。"9. "有耳可听的, 就应当听。"

10. 门徒走上前来, 问耶稣说: "对众人讲话, 为什么用比喻呢?"

11. 耶稣回答说: "因为天国的奥秘, 只让你们知道, 不让他们知道。"12. "凡有的, 还要加给他, 让他更充裕。凡没有的, 连他所有的, 也要夺去。"13. "所以我用比喻对他们讲, 是因: "他们看也看不见, 听也听不见, 也不明白。

14. 在他们身上, 正应验了以赛亚的预言, 说:

"'你们听是要听见, 却不明白。看是要看见, 却不晓得。

15. 因为这百姓被油蒙了心, 耳朵发沉, 眼睛闭着; 倘若某个时候他们眼睛看明白了, 耳朵听清楚了, 用心领会了, 回心转意了, 我就医治他们。'

16. "但你们的眼睛是有福的, 因为看见了。你们的耳朵也是有福的, 因为听见了。17. "我实在告诉你们, 从前有许多先知和义人, 想看你们所看的, 却没有看见。想听你们所听见的, 却没有听见。

18. "所以你们当听这撒种人的比喻：19. 凡听见天国道理不明白的，那恶者就来，把撒在他心里的夺去了。这就是撒在路旁的了。20. 撒在石头地上的，就是有的人听了道，当时欣然接受，21. 然而因心里无根基，只坚持一段时间。因为当他为道而遭了患难，或是受了逼迫，就渐渐地倒了。22. 撒在荆棘里的，就是有的人听了道，后来有世上的思虑，钱财的迷惑，把道挤住了，不能结实。23. 撒在好土地上的，就是有的人听了道明白了，后来结实，有一百倍的，有六十倍的，有三十倍的。"

稗子的比喻

24. 耶稣又设个比喻对他们说："天国好像人撒好种在田里。25. 但是当人睡觉的时候，他的仇敌过来把稗子撒在麦子里，然后走了。26. 到长苗吐穗的时候，稗子也显出来。

27. "田主的仆人来对他说：'主阿，你不是撒好种在田里吗？从那里来的稗子呢。'"

28. "主人说：'这是仇敌作的。'
仆人说：'你要我们去把稗子薅出来吗。'"

29. "主人说：'不必，恐怕薅稗子，连麦子也拔出来。30. 容这两样一齐长，等着收割。当收割的时候，我要对收割的人说：先将稗子薅出来，捆成捆，留着烧。惟有麦子，要收在仓里。'"

芥菜种与面酵的比喻

31. 他又设个比喻对他们说："天国好像一粒芥菜种，有人拿去种在田里。"32. "这原是百种里最小的。等到长起来，却比各样的菜都大，而且长成了树。天上的飞鸟来栖息在它的枝上。"

33. 他又对他们讲个比喻说："天国好像面酵，有妇人拿来，藏在三斗面里，直等全团都发起来。"

34. 这都是耶稣用比喻对众人说的话。若不用比喻，就不对他们说什么。35. 这是要应验先知的话，说："我要开口用比喻，把创世以来被隐藏的事发明出来。"

解释稗子的比喻

36. 然后耶稣离开众人，进入房内。 他的门徒进来说："请把田间稗子的比喻讲给我们听。"

37. 他回答说："那撒好种的，就是人子。38. 田地，就是世界。好种，就是天国之子；稗子，就是那恶者之子，39. 撒稗子的仇敌，就是魔鬼；收割的时候，就是世界的末了。收割的人，就是天使。

40. "将稗子薅出来，用火焚烧，世界的末了，也要如此。"41. 人子要差遣使者，把一切叫人跌倒的和作恶的，都从他的国里挑出来，42. 丢在火炉里。在那里必要哀哭切齿了。43. 那时，义人在他们的神父的国里，要发出光来，像太阳一样。有耳可听的，就应当听！

藏宝与寻珠的比喻

44. "天国又好像宝贝藏在地里。人遇见了，就把他藏起来。欢欢喜喜的去变卖一切所有的买这块地。"

45. "天国又好像买卖人，寻购好珠子。46. 遇见一颗重价的珠子，就去变卖他一切所有的，买了这颗珠子。

撒网的比喻

47. "天国又好像网撒在海里，聚拢了各种水生物。48. 等网装满了，人们就把它拉上岸来，坐下，拣好的收在器具里，把不好的丢弃了。49. 世界的末了也要这样。天使要出来，把恶人从义人中分隔出来，50. 丢在火炉里。在那里必要哀哭切齿了。"

51. 耶稣对他们说："你们都明白这一切了吗？"
    他们说："我们明白了。"

52. 他说："凡文士受教作天国的门徒的，就像一个户主，从他库里拿出新旧的东西来。"

鉴析篇 (Appreciation and Analysis)

I. 语言点拨 (Vocabulary)

parable *n*   simple story designed to teach a moral lesson: 寓言; 比喻: *speak in parables.* 以比喻来说。*Jesus taught in parables.* 耶稣以比喻讲道。parabolical *adj* of, expressed in, parables. 寓言的; 以比喻说明的。

shallow *adj* 1. not deep, lacking physical depth, 浅的: *The river is shallow at this part, we can wade across it.* 河水在这一段比较浅, 我们可以淌过去。

2. superficial, lacking depth of intellect or knowledge; concerned only with what is obvious, 肤浅的, 浅薄的: *Some TV programs are too shallow, unworthy of people's time.* 有些电视节目太肤浅了, 不值得花时间去看。

3. (of breath) faint, not strong enough, 呼吸微弱的: *The hospital was so quiet at that night that he can hear his own shallow breath.* 那晚医院特安静, 他可以听到自己微弱的呼吸声。

scorch *vt,vi* 1. burn or siclor the surface of (sth) by dry heat; cause to dry up or wither: 烘焦; 烧焦 (某物) 之表面; 使萎; 使枯; *The long hot summer scorched the grass.* 炎热的长夏晒枯了青草。*You scorched my shirt when you ironed it.* 你烫我的衬衫时把它烫焦了。

scorched earth policy, policy of burning crops, and destroying buildings, etc that might be useful to enemy forces occupying a district. 焦土政策 (烧毁或破坏可能对于占领某一地区之敌军有用的农作物及建筑物的政策)。

2. become discolored, etc with heat. 焦; 萎; 枯。

3. (colloq, of cyclists, motorists, etc) travel at very high speed. (口, 指骑自行车, 摩托车等者)高速行驶。

wither *vt,vi* 1. **wither (sth)up; wither (away)** (cause to) become dry, faded or dead: (使) 枯萎; 凋谢; *The hot summer withered up the grass.* 炎热的夏季 (阳光) 使草枯萎了。 *Her hopes withered (away).* 她的希望渐渐凋萎了。

2. cause (sb) to be covered with shane or confusion: 使 (某人) 感到羞惭或迷惑: *She withered him with a scornful look/ gave him a withering look.* 她轻蔑的一瞥使他感到羞惭 (她向他投注令他感到自惭形秽的一瞥)。**witheringly** *adv*

abundance *n* large quantity of, 大量, 丰富: *There is an abundance of commodity supplies on the markets.* 市场上商品供应充足。*There are food and drink in abundance at the party.* 晚会上有充足的食物和饮料。

calloused *adj* 1.tough and thick through wear, 粗糙的, 粗硬的, 起老茧的: *He extended his calloused hand to shake her delicate small hand.* 他伸出凑草的手去我他那柔弱纤小的手。

2. hard-hearted, indifferent, 冷酷无情的: *In the ancient time, some calloused landowners refused to give the slaves what they deserved to get.* 在古代, 有些冷酷无情的地主拒绝给奴隶们应得的。

snatch *vt* 1. to grasp hastily or eagerly, 抢夺: *Freeze on to that bag, or someone in the crowd may snatch it.* 紧紧抓住手提包, 否则人群中可能会有人把包抢去。

2. to grasp opportunity to do sth or do sth quickly, 抓住(机会); 抓紧时间(吃东西、休息等); 抽空做: *He was always ready to snatch at any opportunity for advancement.* 他总是抢著抓住任何晋升的机会。

3. win by a small margin, 侥幸获胜, 险胜: *The American came from behind to snatch victory by a mere eight seconds.* 美国人后来居上, 仅以8 秒钟的优势赢得了胜利。

n 1. a small fragment, 很小的数量, 一阵子: *When he passed by his room, he overheard snatches of their conversation.* 他经过他房间时, 听到了他们一小部分的谈话。*He had a snatch of sleep sitting in his chair.* 他坐在椅子里稍睡片刻。

2. the act of catching an object with the hands, 抓取的动作: *The player made a snatch at the ball and caught it.* 那个运动员去抢球, 抢到了手。

perch *vi* 1. to come to rest, settle, 栖息, 停留: *The birds perched on the branches of the tree in front of his house and sang merrily.* 鸟儿们栖息在他房前的树枝上欢快地歌唱。

2. to sit down lightly on the very edge or tip of sth, 坐在边缘、顶端: *She perched herself at the edge of the bed.* 她坐在床沿上。

3. to locate on the top, 在顶端: *The stone buildings perch on a hill crest.* 那些石头房子坐落在山顶上。

4. *n* 1. place to perch, 栖息处: *The bird took its perch on a tree branch.* 鸟儿栖息在树枝上。

2. a high place, 高处: *We watched the parade from our perch on top of the roof.* 我们待在高高的屋顶上观看游行。

3. a kind of fish, 鲈鱼: *There are several types of perch.* 有好几种鲈鱼。

blazing *adj* 1. very hot, 炙热的: *Pure gold is tempered in a blazing fire.* 烈火炼真金。

2. lighted up by or as by fire or flame, (像) 被火照亮的: *With brilliant lights blazing everywhere in Christmas night, the city looked most magnificent.* 圣诞节的夜晚城里到处灯火辉煌, 格外壮观。

3. heated, exited 激烈的,激动的: *He was blazing with fury when he heard of his daughter's elopement.* 听到女儿与人私奔后, 他不禁勃然大怒。

furnace *n* 1. a container or enclosed space in which a very hot fire is made, 火炉, 熔炉: *The heat from the furnace soon warmed up the whole room.* 火炉散发的热量很

快使整个房间都温暖了。*The limestone particles are heated rapidly to high temperature upon entry into the boiler furnace.* 当石灰石颗粒一进入锅炉炉膛，就迅速被加热到高温。

gnash *vi,vt* (of the teeth) strike together, eg. in rage. (指牙齿) 切齿; 咬牙 (例如愤怒时)。(of a person) cause (the teeth) to do this: (指人)咬 (牙)；切 (齿)：*wailing and gnashing of teeth.* 大声吼叫并咬牙切齿。

2. 阐释比喻的复杂性 (The Diversified Understanding of the Metaphors)

耶稣把许多深奥的道理比喻成人们日常生活中经常接触的事物讲解出来。一方面，比喻能使人产生更多的联想，从而给人更加深刻的影响。另一方面，由于道理隐含在比喻中而没有直接明示，也就可能产生不同的诠释和理解，这种含蓄型和模糊性，增添了圣经的神秘性和深奥度，从而也产生了后人对圣经一遍又一遍的阐释和研究。圣经的传播过程，也就是一个不断诠释的过程。正如梁工所言："人们不断小心翼翼的诠释圣经，却似乎总也把握不到上帝的原意，而且，不时地，人类会因为错误地诠释而陷入困境。回顾历史，不乏因圣经诠释的分歧导致的神学和教义的冲突，也不乏由此引起的教会分裂和教派林立，甚至，在极端的情况下，带来流血牺牲……圣经的诠释历史同样饱含着人类寻求拯救的激情和希望，这种寻求既是信仰的寻求，也是文化的寻求，是走向灵魂得救的重要途径，也是走向文化成长和更新的重要途径。"[23]

对于本章经文中的好几个比喻，在基督徒们中间就有着各种不同的理解。

芥菜种的比喻 (The Parable of Mustard Seed)

"天国好像一粒芥菜种，有人拿去种在田里。这原是百种里最小的。等到长起来，却比各样的菜都大，且成了树。天上的飞鸟来宿在他的枝上。"对于这个比喻，基督徒们的理解就存在着分歧。许多人持正面的理解，认为这个比喻，是讲到天国从小到大，福音在这世上的传播，快速增长，越来越壮大，最后长成了大树，以致普世归主，是讲到好的结局；也有人持负面的理解，认为这是是讲到天国发展的过程中，仇敌的破坏渗透，在发展过程中变质了，

---

[23] 梁工. 圣经叙事艺术探索.导言

是讲到坏的结局。一个网名叫"石头也欢呼"的人认为，"芥菜种"不是讲到信心，而是用它来说到一个开始的微小和强大的生命力；"有人拿去种在田里"，是说到今天地上教会发展的情形；"等到长起来，却比各样的菜都大，且成了树"，也并非是好事，因为，菜就是菜，树就是树，应该"各从其类"而不是变种。而且圣经中多次提到败坏的树应被砍掉。

　　"飞鸟"就是那恶者。所以整个句子，暗示的是过度快速发展的教会，会因为撒旦的入侵和破坏而变质，成为了属世的教会，藏污纳垢，而不是主所要求的属灵的教会。这里警告的是天国在发展过程中会遇到的外来危机。[24]

面酵的比喻 (The Parable of Leaven)

　　"天国好象面酵，有妇人拿来，藏在三斗面里，直等全团都发起来。"对这个比喻，也有好的方面和不好的方面的解释。有人因为这个比喻一开始说到天国好象面酵，就以为说天国就是面酵，天国不可能是不好的，所以面酵要解释为好的，认为这个比喻是讲天国的影响力，福音的能力正如面酵一样，开头是小，后来象面一样全团都发起来，影响整个世界。还有人认为面酵是讲圣灵的能力，多数人都认同面酵应代表好的，因为面酵使面发起来也很好吃。所以认为这比喻和芥菜种比喻有一个共同的意思，开始时是微小，隐蔽，而后来影响力是何等的大。究竟该如何理解这个比喻？

　　首先看看"酵"在圣经中的意思。圣经中一贯用酵来代表罪恶及错误的教训或是指异端。律法是禁止用酵来献祭的，神要他的子民防备，除酵，出埃及记中 12:15—20 和13:7 神吩咐以色列人，"你们要吃无酵饼七日。头一日要把酵从你们各家中除去，凡吃有酵之饼的，必从以色列中剪除。因为凡吃有酵之物的，无论是寄居的、是本地的，必从以色列的会中剪除。"34:25凡有酵的，都不可为祭物。"你不可将我祭物的血和有酵的饼一同献上。利未记 2:11: 凡献给耶和华的素祭都不可有酵。路加福音 5:9：一点面酵能使全团都发起来，是代表一点点罪恶会影响教会全体，假教训和异端邪说会影响天国的发展，一点点就影响整体，而不是说到福音之感染力和影响力从小到大。

　　既然面酵是代表罪和假道理，邪恶的教训，那么这把酵拿来的妇人肯定是代表不好的。启示录 2:20主责备推雅推喇教会：然而有一件事我要责备你，就是你容让那自称是先知的妇人耶洗别教导我的仆人，引诱他们行奸淫，吃祭偶像之物。启示录17章，妇人是代表异端和撒但所利用的假先知。

三斗面在圣经中代表献祭，第一次出现三斗面是在创世记18章，亚伯拉罕用三斗面接待天使；基甸、哈拿、以西结，都曾经用三斗面做为祭物献给神，所以我们可知三斗面是我们对神的侍奉，是人与神的交通。非圣洁没有人能见主，把酵掺到三斗面里，好比罪掺到我们跟主的关系里面去，那我们的生命就出了问题。有的时候我们对一点点的小罪，我们不重视，我们觉得无所谓，慢慢整个的教会就发生了变化。所以神告诉我们，当我们发现酵的时候，要及早的除掉它。教会中有了罪，会迅速扩散。像一团面发起来，变成属世的一个俱乐部。我们看着面做成的面包，只是外表的宠大，里面增加了很多空洞而以，重量并没有增加，发成一团，外表只是草木禾秸而以。

藏在三斗面里，不是用到放，而是用藏。藏都是指暗地里的一个动作，撒但的工作向来都是偷偷摸摸的，酵藏在三斗面里，是一种暗中的扩展，表明异端侵入教会，是偷着进来的。圣经中曾说：

犹1:4：因为有些人偷着进来，就是自古被定受刑罚的，是不虔诚的，将我们神的恩变作放纵情欲的机会，并且不认独一的主宰我们主耶稣基督。

彼后2:1：从前在百姓中有假先知起来，将来在你们中间也必有假师傅，私自引进陷害人的异端，连买他们的主他们也不承认，自取速速的灭亡。

提后3:6-7：那偷进人家，牢笼无知妇女的，正是这等人。这些妇女担负罪恶，被各样的私欲引诱，常常学习，终久不能明白真道。

加2:4：因为有偷着引进来的假弟兄。

所以，芥菜种的比喻是论到天国发展过程中外来的危机；面酵的比喻是讲到天国发展过程中内在的危机。

撒种的比喻、稗子的比喻、芥菜种的比喻、面酵的比喻，从这四个比喻中可以看出，撒旦的破坏是一次比一次隐蔽，一次比一次厉害。第一个，它是个飞鸟，把种子夺走；第二个他给撒稗子，让你分不清；第三个是外面变质了，它让最后的果子，本来树应结果子，结果全是飞鸟，第四个，他暗地里藏酵，让你里面也变质了，让你没有纯正的信仰，总之魔鬼是在不断的破坏教会。四个比喻给我们看到魔鬼对天国破坏和拦阻，但神始终得胜，他的旨意定规要成就，最后我们就看到神要扬净他的场，把一切叫人跌倒的和作恶的，从他国里挑出来，丢在火炉里[25]。

我们更愿意相信正面的理解。因为基督的救恩和福音是从一个欧洲很小的一个地方的一个古老的犹太民族中开始的，经过数个世纪的传播，已经遍及了世界各地。基督教已经成为了世界最大的、传播范围最广的、信徒最多的宗教。据1993年统计，基督教信徒总数约18亿7000万人。然而，无论

---

[25] http://xinfu1000.blog.hexun.com/19141903_d.html

是从互文性的角度来看，还是从基督教的发展历程来看，这些负面意义的分析又是比较理性和科学的。基督教会，特别是黑暗的中世纪欧洲的教会与政府勾结，对普通平民的残酷剥削和对教会所认定的异教徒的血腥迫害和镇压，已经偏离了耶稣的传道本意和神救赎万民的初衷，或许那就是撒旦的破坏吧。因此，我们要关注的是，现在那么多的基督徒，那么庞大的基督教会，他们是真正领会了耶稣基督的全部教义，达到了神性的标准的纯粹的基督徒吗？同样的道理，我们可以问：现在的中国，有那么多的共产党员，有那么强大的党的组织，他们全是真正的以共产主义为奋斗目标的，纯粹的共产党员吗？为了天国在人间的实现，为了共产义的最终目标能够达到，无论是基督徒，还是共产党员，他们都必须保持他们的纯洁性。所以，我们党的领导在党的十八大中强调：党风廉政建设，是广大干部群众始终关注的重大政治问题。"物必先腐，而后虫生。"大量事告诉我们，腐败问题越演越烈，最终必然会亡党亡国！我们要警醒啊！各级党委要旗帜鲜明地反对腐败，更加科学有效地防治腐败，做到干部清正、政府清廉、政治清明，永葆共产党人清正廉洁的政治本色。各级领导干部特别是高级干部要自觉遵守廉政准则，既严于律己，又加强对亲属和身边工作人员的教育和约束，决不允许以权谋私，决不允许搞特权。对一切违反党纪国法的行为，都必须严惩不贷，决不能手软[26]。

藏宝于田和买珠子的比喻 (The Parable of Treasure Hid in a Field and Buying Pearls)

"天国好像宝贝藏在地里。人遇见了，就把他藏起来。欢欢喜喜的去变卖一切所有的买这块地。天国又好像买卖人，寻梢好珠子。遇见一颗重价的珠子，就去变卖他一切所有的，买了这颗珠子。"同样，对于这个比喻的理解也有不同的见解。有人认为，这里所说的宝贝和珠子指的都是基督或救恩，但也有人认为，那遇见宝贝的人是基督，那藏宝贝的地是世界，宝贝指的是上帝的掌权与管理。这世界原来是为了彰显神的国度与他的管理而创造的，但是神所创造的世界背叛了他，伊甸园里面的那一条蛇，借着谎言和欺骗，诱惑世界背离神。撒旦在上帝（地主）所造的世界（田地、土地）撒下稗子，因此世界便不能按照田地的主人的心意结实。不但如此，那撒稗子的仇敌，成为世界的王，借着他不法的运动，拦阻上帝在世界上彰显神的国度与他的管理。因此，那一位撒好种的地主（上帝），便定下买地的计划，好让

26 习近平紧紧围绕坚持和发展中国特色社会主义 学习宣传贯彻党的十八大精神——在十八届中共中央政治局第一次集体学习时的讲话（2012年11月17日）

那原先就隐藏在世界里的祝福——在世界上彰显神的国度与他的管理，可以实现。所以，整个比喻乃是指上帝对世界的救赎行动。

为什么遇见宝贝不把它挖出来，却又把它藏起来呢？

这是整个比喻当中最为奥秘的一部份，宝贝原来是埋在地里的。宝贝，是指神的国度的彰显与管理，人遇见又把它藏起来，指的是旧约时代，上帝拣选以色列人做他的子民，可是以色列人却离弃神，去随从别神，敬拜偶像。因此北国以色列在主前七二二年亡国，南国犹大在主前五八六年亡国。

神的百姓拒绝上帝的国度统治，所以，上帝就把宝贝向他们隐藏。

然而，上帝仍没有忘记他的百姓，他的爱是永远的。他定意要再度召聚他们，因此，他做出了买地的决定：就欢欢喜喜的变卖一切所有的，买这块地。这就是神差遣独生爱子耶稣基督为世人降生。

主耶稣在世上传道的工作，对于主耶稣所讲天国的道理，有人接受，有人拒绝。

接受的，耶稣就把天国的奥秘向他们解明。至于不接受的，是看不见也听不明白的，这就是所谓地主把宝贝又藏起来。天国的主又把国度的门向他们关闭起来。当年代表以色列人的宗教领袖法利赛人公开拒绝主耶稣的道，因此主耶稣宣布耶路撒冷将遭毁灭，天国的门将暂时对以色列人关闭，而转向愿意接受福音的外邦人开启。

地主变卖一切所有的，指的是上帝的独生子舍弃天上的宝座，存心谦卑道成肉身成为人。他本是天地的主，万有的根本，一切都是本于他、倚靠他，也归于他。但是，他为了赎世人的罪，把一切的荣华尽都舍下，天上的君王，不但不是降生在皇宫里，却降生在客店的马房里。而且是在卑微的马槽里。传道期间，他忍受一切试探，被罪人顶撞，被藐视，甚至最后被钉在十字架上。

主耶稣真是变卖一切所有的，为要拯救每一个世人的灵魂。正如保罗在林后8:9所说：他本来富足，却为你们成了贫穷，叫你们因他的贫穷，可以成为富足。耶稣基督就是传道书9:15里面所提到的，那一位用智慧救了全城的人脱离仇敌的贫穷人，可是城里却没有人纪念那穷人。他的智慧被藐视，他的话也无人听从。

耶稣基督不但为救赎世界而为变卖一切所有的，圣经说，他变卖一切所有的，是欢欢喜喜的。希伯来书的作者向我们见证说：他因那摆在前面的喜乐，就轻看羞辱，忍受十字架的苦难。

什么是希伯来书的作者所说的摆在前面的喜乐呢？就是因耶稣基督的死，可以使一切信他的人，不致灭亡，反得永生。这是摆在耶稣面前的喜乐。他以世人的得救为可喜乐的。

不但如此，耶稣也以他的死，能使神对世界的管理与旨意可以实现而喜乐。他曾说："我的神啊！我乐意照你的旨意行！"

通过这几个比喻，我们应该明白，主耶稣已经在两千年前降生，并且变卖一切所有的买赎了世界，只等人对他的救恩有所响应。当今天我们预备庆祝耶稣基督降生的前夕，藏宝于田的比喻再度提醒我们，主为我们付出生命的代价，我们要如何回应他的爱呢？

第一，我们要珍惜所得的救恩，救恩就好像圣物一样。耶稣曾说：不要把圣物给狗，也不要把珍珠丢在猪前，恐怕他践踏珍珠，回过头来咬你们。意思是说，我们要珍惜所得的救恩，并且要有所改变，若不改变，我们就会像犬类一样不懂得去欣赏圣物（属灵的人参透万事，属肉体的人却以为愚拙），也会像猪一样把宝贝践踏在脚下。

第二，学习主付代价，信上帝是要付代价的。耶稣说：若有人要跟从我，就当舍己，背起他的十字架来跟从我。希伯来书的作者说：按着律法，凡物差不多都是用血洁净的，若不流血，罪就不得赦免。让我们思想，我们有没有为了事奉主而献上自己？

"宝藏的比喻"和"珠子的比喻"之间是有着紧密的关系，说明了一个人需要全心全意，对上帝的天国需要作出积极的、及时的回应；也告诉我们人在面对天国的时候付出任何代价都是值得的，也不要受任何忧虑的缠扰。在这里值得我们注意的是，这不是一种消极地"放弃"，而是充满着喜乐与满足的。可以说，天国是应该以热烈的行动去响应的。

3. 对天国救赎的理解 (Understanding of the Redemption)

正如经文所言："这都是耶稣用比喻对众人说的话。若不用比喻，就不对他们说什么。"善用比喻是耶稣讲道的一大特色，比喻充斥着他所有的讲道内容，在本章经文中，耶稣就连用了七个比喻来预示天国。门徒问他为什么要用比喻对众人讲道时，他说："因为天国的奥秘，只叫你们知道，不叫他们知道……。"从耶稣的回答来看，他用比喻讲道，增加了他的语言的神秘性和模糊性。其目的是，只让他的门徒懂得天国的奥秘，对于"他们"，也就是那些受撒旦蛊惑中毒较深的恶者来说，就会视而不见，充耳不闻，无法理解天国的奥秘。而对那些被油蒙了心的百姓来说，"耳朵发沉，眼睛闭着"当然是看不见也听不着了，但是还存在着被救赎的可能性，因为"恐怕眼睛看见，耳朵听见，心里明白，回转过来，我就医治他们。"这里的"医治"，其实就是向他们宣讲福音，除去他们心里的污垢，让他们懂得天国的奥秘，追随和忠信基督，从而得到救赎。

耶稣的回答明确了基督救赎的一种态度，只有那些真心悔改，忠信基督的人才能得到救赎，而那些冥顽不灵的恶者是无缘救赎的。这是一种嫉恶如仇，赏罚分明的态度。这也印证了启示录中关于末日审判的话语："若有人的名字没记在生命册上，他就被扔在火湖里"。这一点，在本章中的好几个关于天国的比喻中也有明确的体现。一个是庄稼地中的稗子，代表的是屈服于撒旦的诱惑而无心悔改，也就无法归主，不能被拯救的那些人世间的罪人。他们的结果，就像庄稼人把稗子捆起来烧掉一样，在末日审判时也会被投入到火湖里。另一个是撒网的比喻，一网下去，拉上来的是良莠不齐的，于是"拣好的收在器具里，将不好的丢弃了"，同样的道理，耶稣把福音向人间传播，并不一定人人都听得进福音，能够笃信基督，而那些顽固不化的，被撒旦诱惑毒害至深的人，就像网中不好的东西被丢弃一样，最终也会被神丢弃，他们进不了天国，只能进火炉。

基督教的这种基本教义，既有积极的一面，也有消极的一面。从积极的一面来说，耶稣反复强调人们要听福音，笃信上帝，悔改自己的罪过，以便获得救赎。要悔改就是要从善如流，就要像人子一样，爱人如爱己，宽容、怜悯、忍耐、清心……向"神"性的标准靠拢。这实际上是在给人类传教道德的标准，用现在的术语来说，就是在向人类播撒"正能量"。这就应对了英国作家弗兰西斯.培根的一句话："宗教是防止生活腐败的香料。"消极的一面在于，把人类的救赎完全寄托在末日审判上，在恶人面前要忍耐、等待天使来惩罚恶人，把他们投入火炉。这就忽略和抹杀了人类自身的解放力量。正如陈独秀所说："宗教之功，胜残劝善，未尝无益于人群；然其迷信神权，蔽塞人智，是所短也"[27]。当然，这种消极的思想对于那些受压迫而又无力反抗的人来说，却是一种很好的精神安慰，给了他们希望。所以马克思说："宗教里的苦难既是现实的苦难的表现，又是对这种现实的苦难的抗议。宗教是被压迫生灵的叹息，是无情世界的感情，正像它是没有精神的制度的精神一样。宗教是人民的鸦片。"[28]

在佛教中关于善恶的观点与基督教的教义有相似之处，也有不同之处，同样有着积极的一面，也有消极的一面。佛教强调的是"六道轮回，因果报应"。业与轮回的学说，不仅是佛教宗教学说的理论基础，也是佛教宗教伦理学说的基础。"轮回"，本是古印度婆罗门教基本教义之一。认为一切有生命的东西，总是在"六道"(亦叫"六趣"，即有六种众生转生的趋向：天、人、畜生、饿鬼、地狱、阿修罗)之中生死相继，好像一个车轮，在不停地转动，

---

[27] http://tool.xdf.cn/jdyl/result_chenduxiu.html

[28] 《马克思恩格斯选集》第1卷，人民出版社1995年6月第2版，第2页

所以叫"轮回"。按照佛教的理论,行善业,得善报,可获得"人天福果";行不善业,得恶报,来世堕入畜生、饿鬼道,下地狱受尽煎熬。佛教的善恶观与业报轮回的学说紧密结合,在一般信徒的心理上产生了巨大的约束力。由于这种道德学说不仅对现世,更重要的是对来世产生作用,因此,它对教徒在心理上造成的重大的影响,在某种程度上超过了世俗的道德观念对人们思想言行的约束。佛教伦理学说在一般信众心理上产生的这种特有的影响力,对佛教在社会上的传播和一般民众中的流行,有着重要的、不可低估的作用[29]。从劝人修善积德的角度来说,佛教和基督教都是在向人类注入"正能量",是有积极意义的。

然而,基督教要求人类信仰基督而不疑惑才能被拯救,最终进入天国,而对于恶者,只有在最终审判时,由天使来实施惩罚,信徒只能忍耐,"只是我告诉你们,不要与恶人作对。有人打你的右脸,连左脸也转过来由他打"[30];佛教所定义的善就是"顺益"。顺就是要"顺理"、"顺体"等。也就是一切言行要符合佛教的宗教学说,以佛教的教义学说来指导自己的思想言行。而对于恶者,自有因果报应:"善有善报、恶有恶报,不是不报,时候未到",要求信众"忍"。当然,忍,是一种策略、一种美德、一种素质。但是,宗教中宣扬的忍,在不公正的社会政治制度中被当做麻痹人民思想的工具。譬如,在中国长期的封建社会中,佛教中关于善的阐释和忍的提倡常常被封建剥削阶级所利用,成为牢牢束缚劳动人民思想、道德的精神枷锁。封建统治阶级无偿地占有了农民的劳动成果,甚至还占有劳动者本身,残酷地剥削和压榨他们的血汗。由于封建制度本身保障了这种占有、剥削的合理和合法性,因此,对封建剥削者来说,贪得无厌,巧取豪夺,并不算贪欲,即使他们过着花天酒地、荒淫挥霍的生活,只要不触动封建社会制度的稳固性,在道德上就不受谴责。而劳动人民为了争取更好的生存条件而作的一切努力,却被斥之为贪求和私欲,被认为是大逆不道,就会遭到封建制度的镇压。封建统治者就会以封建的道德意识和佛教的这种宗教道德学说,来规劝不堪忍受压迫的人们放弃反抗、忍受现实苦难,宣扬只有做到无贪、无嗔、无痴等等,才能得到来世的幸福。由于这种道德说教是以宗教道德的形式出现的,它似乎适用于所有的信奉者,并不具有明显的阶级属性,因而更容易为人们所接受。同样,在中世纪的欧洲,基督教教会与国家政权密切勾结,一

29　业露华 中国佛教的善恶观
http://www.fjdh.com/wumin/2009/04/22042165210.html
30　马太福音（11:39）

方面宣扬宗教中的忍耐来淡化和消解民众的反抗意识，另一方面，通过血腥和暴力来压制和迫害被教会认为是异教的宗教信仰和人民的民主和自由。

所以，忍耐也是有条件、有原则的，对于恶者，忍耐就是纵容。一味的忍耐或许是人类有意或无意的曲解了教义。历史证明，在某些不可调和的社会矛盾面前，比如在黑暗的政治制度中，忍耐是没有出路的。只有鼓起反抗的勇气，团结一切受压迫者的、正义的力量，拿起斗争的武器，通过勇敢地、不屈不挠的斗争，才能最终获得解放。中国的旧民主主义革命、新民主主义革命、抗日战争是受压迫人的人民和追求公平正义的人民作出的反抗斗争；美国的独立革命，南北战争也是如此……人类的进步史充满了斗争。即便是在相对先进的社会政治制度中，也不能一味的忍耐。中国共产党所领导的人民民主专政的社会主义制度是相对先进的，也不鼓励一味的忍耐。法律、警察、公安局、法院和军队是维护公平、声张正义和保护和平的武器和机构。只要制度合理、执行者依理行事，不徇私枉法，公平、正义、和平是能够维护的。所以，人类不能消极的等待外力来审判世界，审判恶人，而要依靠自身的正义的力量来谋求公平和正义。正义的力量何来？那就是人类向善的心和追求，这与宗教宣扬的善是不矛盾的，而且，理性的信仰宗教并没有坏处，恰好能赋予人类正义的力量。如果说要等待天使来惩罚恶人，那么天使就是那些有着纯粹的善，又有非凡能力的人，按照基督徒们的理解，他们或许就是受了神的灵，达到了神性境界的人。一个以共产主义为最终目标的、纯粹的共产党员和基督的神性标准几乎是没有差别的，在建设有中国特色的社会主义中，强调社会主义精神文明的建设，通过电视、电影、文学、网络等各种媒体手段，宣扬感人的、正义的人物、事件，就是在不断的增强"正能量"的过程，一个与邪恶力量斗争的过程。在信仰基督的社会里，在所有人都达到"神性"的境界之前，在无神论的社会里，如中国的社会主义社会里，在所有人的思想品质和素质都达到一个纯粹的共产主义者的境界之前，还是有必要通过制度和法律武器来约束人类，在极端的情况下，也还得付诸暴力手段来维护公平、正义和和平。

4. 现世启示 (Thoughts Inspired)

通过上述分析，我们可以看到，耶稣几个关于天国的比喻，看似简单明了，却隐含着让人捉摸不透的深意。这种模糊性和神秘感也或许正是《圣经》的魅力之一。我们无从判断这究竟是不是耶稣本人的原话，也不知他究竟是何用意，因为，通过《圣经》的写作过程我们知道，这是数代人经过无数次的翻译和诠释之后形成的，尽管他们或许是怀着一颗对神的言语的敬畏之心小心翼翼的在做，但是任何作品的形成，都难免要受到当时的政治力量和社会形态的影响和制约，更不用说这样一本对西方社会有着如此巨大影响力的巨著。但无论怎样，《圣经》毕竟是人类文明的文化遗产，是经过了数千年而保持着持久影响力的惊世之作。它的生命力的源泉，正是其内在的普世价值和真理。

本章经文中的几个天国的比喻，同样蕴含着对过去、现在和将来都有着指导和警示意义的普世价值和真理。那就是，追求真理和坚守信仰是要付出努力和代价的，而这种为了信仰所付出的努力和代价是心甘情愿，虽苦而乐的。耶稣为了拯救世人而心甘情愿的献出了自己肉身和献血；英格兰的宗教改革先驱托马斯·比尔尼被押赴刑场经过主教桥时，他向前奔去拥抱火刑柱，感谢神的恩典给他为基督而死的机会；未满15岁的刘胡兰面对敌人的威逼利诱，说的是："给我金人也不要"、"怕死不当共产党"、"死也不投降"，面对敌人的屠刀，没有丝毫畏惧和动摇，英勇就义；在汶川地震中，伟大的人民教师谭千秋本可以逃生，但为了保护四个年轻的生命，他张开双臂趴在课桌上，用自己的身体为四个学生撑起了一道救生墙；也是在那次地震中，瞿万容用后背为孩子挡住了水泥板，用自己的牺牲换得了别人的存活；台湾姑娘张平宜来到四川麻风村，为大营盘村的希望工程奉献出了自己的青春和安逸的生活，经过十余载的奔波与操劳，她在大凉山当地建立了国内麻风村第一所正规学校，实现了九年制义务教育，大营盘也于2005年成为正式的行政村。正如推选委员彭长城说："她为了一个底层群体的生活和尊严，为了打破这个群体的宿命，勇敢地去挑战去行动。她对人性的关怀和尊重，已到了捍卫的程度。"不负群众的草鞋书记杨善洲一心只想着为民造福，为百姓谋利，两袖清风，一生奉献，他给历史，给民族，给子孙留下的是一片绿荫和一种精神。加拿大共产党员白求恩，在抗日战争中把中国人民的解放事业当作他自己的事业，体现了国际主义的精神，共产主义的精神。毛泽东这样评价："我们大家要学习他毫无自私自利之心的精神。从这点出发，就可以变为大有利于人民的人。一个人能力有大小，但只要有这点精神，就是一个高尚的人，一个纯粹的人，一个有道德的人，一个脱离了低级趣味的人，一个有益于人民的人。"这样的人很多很多，他们虽然自己受了很多苦，但是他们苦中有乐，因为他们有着高尚而坚定的信仰。他们中许多虽已离我们而去，但却永远活着，历史不会忘记，人民不会忘记，他们活在我们精神的"天国"里。

如果，我们每个人都活得如耶稣一样，尽善尽美，达到"神"的境界；如果每一个人都向上述列举的种种人物一样，有着一个真正的共产党员的素质和情怀，那么，世间就不会有那么多的痛苦和纷争，就不会有那么多的贪污和腐败，有的只是幸福、和谐和美好。

　　无论是基督教所预示的"天国"、佛教宣扬的"净土世界"，还是我们中国共产党的最终奋斗目标——共产主义，都是一种神圣而美好的终极境界，名异而实同。这种终极境界的实现，需要全人类共同的努力，虽然这是一个漫长的过程，如果人类不想走向最终的毁灭，那就是最终必然会实现的。和平与发展仍然是当今世界的两大主题，正如江泽民指出的，当今世界，国际局势发展的基本态势是总体和平、局部战争，总体缓和、局部紧张，总体稳定、局部动荡。实现全人类的和平与发展的道路是曲折的，但前景是光明的。在这全球化的进程中，经济全球化和文化全球化同等重要。文化为经济打头阵，经济为文化发展注入新动力、文化的全球化是经济扩张的必然，文化全球化是经济全球化的产物。全球化的进程正是人类向着和谐美好的终极境界前进所迈出的一大步。在这过程中，让能够促进人类和平和共同发展的意识形态和伦理道德价值观念——普世价值观深入世界各国、各民族人民的心中更是一项重要而艰巨的任务。为了我们崇高而美好的信仰而努力吧！

5. 人间天国 (The Worldly Heaven)

　　无论是基督教宣扬的对耶稣基督的忠信，还是共产党对共产主义的追求，归根结底，都是对人类美好未来的一种憧憬和奋斗。圣经中的天国和共产党的共产主义社会都是一种理想的境界。所不同的是，圣经中对人性失去了信心，认为世界是邪恶的，而把希望寄托在神的身上，寄托在神对世界的审判和神的天国的实现的基础上。人只有真心悔改，忠实于耶稣基督，并甘于受苦，言行举止达到神性的境界，才能得到神的荣耀，得到神在天国给予的赏赐，是唯心主义的。而共产主义是建立在历史唯物主义和辩证唯物主义的基础之上的，是充分相信人性向善的，共产主义是要靠全人类的共同努力来实现的。但是，若撇开神这一层唯心的神秘面纱，基督教的核心价值观和和谐社会的核心价值观是有许多共同之处的，圣经中的八福所表达的核心价值，就是要求人们追求至善至美的境界，这些品质也正是一个共产主义社会中的人应达到的境界。要实现共产主义，除了生产力高度发达，物质财富极大的丰富这一条件之外，还必须要有高度发展的精神文明。而这种精神文明就是要求每个人的思想境界达到近乎于圣经中所说的神性的境界。如果人的自私、贪婪、骄傲和虚荣等等恶性不能尽除，物质财富再丰富，人间也未必就那么太平和幸福。圣经中强调个人的修养和追求，当个人修养达到至高境界时，也会促成集体的团结与和谐。共产主义强调的是集体的努力与奋斗，达到人类的共同进步与和谐美好。无论是追求基督的境界，还是共产主义社会，都是要经过艰苦的奋斗才能实现。可以说，在追求人类的和谐美好的太平盛世方面，二者是殊途同归，有异曲同工之妙。

　　和谐美好的太平盛世，是全人类的共同理想，是没有肤色、种族和国界的。但是，狭隘的民族主义和爱国主义、对资源和财富的占有欲、政治家的贪婪自私、语言的不同和交流的缺乏，使得世界上总是不太平。无论是基督教中的耶和华和耶稣也好，还是伊斯兰教中的真主安娜和穆罕默德也好，都只是一个名、一个代号，是信徒们心中的神。耶稣和穆罕默德也都是被赋予了神性的伟大人物，都充当了神与人之间的媒介，其实就是理想与现实之间的一个媒介。就是我们共产党所追求的共产主义，也是和谐美好的太平盛世的另一个名。无论是信仰独一无二的神的引导，还是追求共产主义，都是对至高至上的真、善、美的追求。没要必要执着于一个名的不同而干戈相向，而应加强交流，共谋发展。事实证明，越是能体现对整个人类美好世界追求的理想和信仰，越能在世界上产生更大的的影响。我们要像爱自己那样爱别人；像爱自己的家庭一样爱自己的国家，像爱自己的民族和国家那样爱整个人类社会和世界。如果人与人之间、各民族和国家之间，特别是不同的信仰之间在相互尊重的基础上加强理解与沟通，不管肤色如何差别、语言如何不同、无论是东方还是西方、南方还是北方，全世界的人类都能在思想上统一，共同追求和谐美好的太平盛世，那么"天国"或者说共产主义就会在人间实现。

第十三章 谁是邻居？

Who is neighbour? (Luke 10:25-37)
The Parable of the Good Samaritan

25 On one occasion an expert in the law stood up to test Jesus. "Teacher," he asked, "what must I do to inherit **eternal** life?"

26 "What is written in the Law?" he replied. "How do you read it?"

27 He answered, "'Love the Lord your God with all your heart and with all your soul and with all your strength and with all your mind; and, 'Love your neighbor as yourself.'"

28 "You have answered correctly," Jesus replied. "Do this and you will live."

29 But he wanted to justify himself, so he asked Jesus, "And who is my neighbor?"

30 In reply Jesus said: "A man was going down from Jerusalem to Jericho, when he was attacked by robbers. They **stripped** him of his clothes, beat him and went away, leaving him half dead. 31 A priest happened to be going down the same road, and when he saw the man, he passed by on the other side. 32 So too, a Levite, when he came to the place and saw him, passed by on the other side. 33 But a Samaritan, as he traveled, came where the man was; and when he saw him, he took pity on him. 34 He went to him and bandaged his wounds, pouring on oil and wine. Then he put the man on his own donkey, brought him to an inn and took care

of him. ³⁵ The next day he took out two denarii and gave them to the innkeeper. 'Look after him,' he said, 'and when I return, I will **reimburse** you for any extra expense you may have.'

³⁶ "Which of these three do you think was a neighbor to the man who fell into the hands of robbers?"

³⁷ The expert in the law replied, "The one who had mercy on him."

Jesus told him, "Go and do likewise."

谁是邻居？（路加福音10:25-37）
好撒玛利亚人的比喻

25. 有一个律法师，起来试探耶稣，说："夫子，我该做什么才可以承受永生？"。

26. 耶稣对他说："律法上写的是什么。你念的是怎样呢？"

27. 他回答说："你要尽心，尽性，尽力，尽意，爱主你的神；又要爱邻舍如同自己。"

28. 耶稣说："你回答的是。你这样行，就必得永生。"

29. 那人要显明自己有理，就对耶稣说："谁是我的邻舍呢？"

30. 耶稣回答说："有一个人从耶路撒冷下耶利哥去，落在强盗手中，他们剥去他的衣裳，把他打个半死，就丢下他走了。31. 偶然有一个祭司，从这条路下来。看见他就从那边过去了。32. 又有一个利未人，来到这地方，看见他，也照样从那边过去了。33. 惟有一个撒玛利亚人，行路来到那里。看见他就动了慈心，34. 上前用油和酒倒在他的伤处，包裹好了，扶他骑上自己的牲口，带到店里去照应他。35. 第二天拿出二钱银子来，交给店主，说：'你且照应他，此外所费用的，我回来必还你。'

36. 你想，这三个人那一个是落在强盗手中的邻舍呢？"

37. 他说："是怜悯他的。"

耶稣说："你去照样行吧。"

THE STORY OF THE GOOD SAMARITAN

好撒玛利亚人

鉴析篇 (Appreciation and Analysis)

I. 语言点拨 (Vocabulary)

eternal *adj.* **eternality** *n* **eternalness** *n* **eternally** *adv*

> 1. without beginning or end; lasting forever; always existing (opposed to temporal): *the promise of eternal life in heaven.* 无始无终的; 永久的; 永存的 (与临时的相对) : 在天国永生的许诺
>
> 2. perpetual; ceaseless; endless: eternal quarreling; *Stop this eternal chatter*! 永恒的; 不断的; 无休止的: 不停的争吵; 不要唠叨个不停!
>
> 3. enduring; immutable: *eternal principles; the eternal verities of life.* 持久的; 不可改变的: 永恒的原则; 生命永恒的真理。
>
> 4. Metaphysics. existing outside all relations of time; not subject to change. 形而上学的——所有时间关系之外的; 不受改变的。
>
> *n.* 5. something that is eternal. 某种永生的事物
>
> 6. the Eternal, God. 永恒, 上帝

strip *vt,vi,* stripped or stript, strip·ping, 去掉, 脱去

> 1. to deprive of covering: *to strip a fruit of its rind.* 去掉覆盖物: 剥去一个水果的皮。
>
> 2. to deprive of clothing: *make bare or naked.* 脱去衣服: 使裸露或裸体。
>
> 3. to take away or remove: *to strip sheets from the bed.* 取走或删除: 拿走床单。
>
> 4. to deprive or divest: *to strip a tree of its bark; to strip him of all privileges.* 剥夺或剥离:剥去一颗树的树皮: 剥夺他的所有特权。

5. to clear out or empty: *to strip a house of its contents.* 清除或清空:清空房子。

6. *The doctor told him to strip before getting on the scales.* 医生告诉他称量体重要把衣服全脱掉。

n. 带子, 条, 片, 脱衣舞

1. *She banded the birthday gift with a silk strip.*
她用一根丝带扎好了生日礼物。

2. *The bent strip can straighten up by itself.*
这弯曲的金属片自己可以变直。

3. *The dancer did a strip.* 跳舞者表演了脱衣舞。

4. *The aircraft circled round over the landing strip.*
飞机在着陆跑道上空兜圈子。

reimburse *vt* pay back for some expense incurred 偿还, 归还: *Can the company reimburse me for my professional travel?* 公司能偿还我的职业旅行费吗? *We must reimburse him the costs of the journey.* 我们必须把旅费偿还给他。

2. 人物、地理背景探析 (Exploration of the Figures and the Geographic Environment)

本段经文是律法师与耶稣之间的对话, 律法师本想用问题挑战耶稣, 难倒耶稣, 耶稣的回答反倒让他无话可说, 而且通过讲述好撒玛利亚人的故事, 耶稣传达了上帝的博爱。这里面涉及很多人物, 如果不了解历史背景, 就很难真正理解这段经文的意趣与深意。

律法师 (lawyer):

律法师, 也就是文士 (scribe), 就是精通《圣经》旧约中犹太人的律法的人, 是在犹太教堂中宣讲律法的人, 在众人眼里是榜样, 他们也自认为是律法的捍卫者, 在犹太教中享受很高的地位。在旧约中, 犹太人是亚伯拉罕的子孙, 上帝和亚伯拉罕立约, 让他的子孙敬他为神, 神就会帮助亚伯拉罕的的后代占领地盘, 成为强国。犹太人的律法是上帝所定的。最初的律法是摩西把以色列人从埃及解救出来后在西奈山上由上帝传授的十诫 (The Ten Commandments), 后来又增添了详细的条目。古以色列国就是犹太人组成的国家, 是建立在神的关照之下的, 以律法为管理纲领。大多数律法师都是法力塞人 (Pharisees), 耶稣在传教时, 就连当时人们所讨厌的收税官们都接受了施洗，而律法师们却拒绝接受耶稣的施洗，因为他们不认可他。由于耶稣自称是神的儿子，他的传教方式与教义也与当时犹太教的神职人员所理解和宣讲的并不一样，而且他还不满当时的神职人员心口不一的做法，宣讲的是一套，而自己做的又是另一套。

耶稣说，你们律法师也有祸了。因为你们把难担的担子，放在人身上，自己一个指头却不肯动。(路加福音11:46)

耶稣所施展的种种神迹更是让许多人追随耶稣，远远超出了那些神职人员的影响力，从而让犹太教的神职人员对耶稣产生了嫉妒与恨意。所以，在本段经文中，律法师故意问这个问题，要么是想弄清楚耶稣的底细，试探耶稣，要么是想办法那住耶稣的把柄使他难堪，总之是不怀好意的。

夫子 (master, rabbit):

夫子，就是深懂律法，宣讲律法的人，传教的人。信徒或者教民们称呼他，相当于现在的老师。在当时夫子还没有主持祭祀活动的资格的。但是后来他们的地位和权力有所身高。耶稣在当时也就是一个传教的人，虽然有很多的追随者，但是在犹太教内部或者国家政府中并没有多高的地位。

祭司 (priest):

祭司，或司祭，祭师，是指在宗教活动或祭祀活动中，为了祭拜或崇敬所信仰的神，主持祭典，在祭台上为辅祭或主祭的人员。根据不同的信仰，祭司被认为具有程度不同的神圣性。无论是在实用的社会职能还是神秘的宗教层次，祭司都具有不可替代的重要性。在犹太教中，祭司必须是亚伦[31]的后代。祭司比律法师的地位更高。

利未人 (Levite):

利未（雅各的第三个儿子）的后代。摩西和亚伦都来自利未部落，在摩西的律法下该部落的人被神指派从事祭司的工作。利未人是唯一一个没有分配到迦南地，只分配到了城市的以色列部落。作为回报，那些分配到土地的以色列部落就要给利未部族供给他们农牧产品的十分之一，称作"什一税"。

祭司利未人和利未全支派必在以色列中无分无业。他们所吃用的就是献给耶和华的火祭和一切所捐的。 他们在弟兄中必没有产业。耶和华是他们的产业，正如耶和华所应许他们的。(申命记18:1-2)

---

[31] 亚伦是摩西的哥哥，在出埃及记(Exodus)中，正是亚伦作为摩西的代言人，帮助摩西把在埃及做奴隶的犹太人带出了埃及，也是首位大祭司。

在本段经文中利未人指的是利未支派中祭司以外的人，职任主要是协助祭司处理圣殿的事。所以利未人也应该是与神亲近的人。

撒玛利亚人 (Samaritan):

撒马里亚人首先是民族和地域的概念。撒马里亚是公元前十世纪以色列分裂后，北部十个支派形成 (北国) 以色列的首都。南部两个支派形成犹太人 (南国)，首都在耶路撒冷。北国以色列人也称为撒玛利亚人。与南国犹太人不同，北部以色列人受宗教的约束较少。他们受到邻近的兄弟民族，如：摩押人、以东人的影响，有部份转而崇拜他们的偶像，并与异族通婚，而为南国的犹太人所不认同。另外，他们虽然是兄弟，但因为数百年的分裂、竞争、甚至战争，早已变成了仇敌，因此在正统的犹太人看来，撒马里亚人是含有贬义的名称，甚至成了骂人的称谓。按照层级关系来说，萨马利亚人应该是属于"圈外人"。

在耶稣传道的时代，犹太教内部以及整个以色列都根据与神亲近的程度而有着层级关系，从而划定了不同层级的"圈内人"和"圈外人"。这种等级分层也存在于地理方位中：最远的也是最不神圣的就是主要由异教徒居住的外部世界，当然也是神所造的；进一点就是神的圣地，再进一步就是比其它圣地更为神圣的耶路撒冷；在耶路撒冷内部有三座山，其中一个是神的圣殿所在的特别神圣的山；圣殿内部也同样有圣级之分：外面一层是非犹太人聚会的外邦人圣院，然后是犹太人聚会的地方；再里面就是只有牧师们才能进的圣所；最里面就是最神圣的地方，只有以色列的大祭司在每年的赎罪日进去一次。

可见这个故事中出现的的人物中，按照犹太人的观点来看，祭司、利未人和问问题的律法师，当然也包括传教者和耶稣本人都是属于圈内人，是神庇佑和保护的对象，而萨马利亚人和外邦人一样，是圈外人，也就不能算是"邻居"了。

耶路撒冷 (Jerusalem):

耶路撒冷是由Jeru (城市) 和Salem (和平) 两个词根组成，意思是"和平之城"。位于巴勒斯坦国中部，犹地亚山区顶部，海拔790米，是世界闻名的古城，居民主要是犹太人和阿拉伯人。耶路撒冷是三大宗教的圣城 (犹太教、基督教和伊斯兰教)。耶路撒冷城东部为穆斯林区，包括著名的神庙区，神庙区的圣地有摩里山的岩顶 (伊斯兰教、犹太教) 及岩顶上的圣殿 (伊斯兰教)、阿克萨清真寺、哭墙 (犹太教)。西北部为基督教区，有基督教的圣墓教堂。西南部为亚美尼亚区。南部为犹太教区。城西南面的锡安山为犹太教又一重要圣地。城东的橄榄山有基督教与犹太教圣地。

公元前十世纪,以色列的大卫王曾在此筑城建都。公元7世纪成为阿拉伯帝国的一部分。阿拉伯人不断移入,并和当地土著居民同化,逐步形成了现代巴勒斯坦阿拉伯人。耶路撒冷1948年为国际共管城市,以色列建国之初政府机构多设于特拉维夫。但是从1950年以来开始耶路撒冷成为以色列的首都,之后该国的总统府、大部分政府机关、最高法院和国会均位于该市。1980年,以色列国会立法确定耶路撒冷是该国"永远的与不可分割的首都"。而巴勒斯坦自治政府也宣布耶路撒冷将是未来巴勒斯坦国的首都。大多数国家和联合国都不承认耶路撒冷是以色列的首都,认为该市的最终地位尚未确定,有待以色列和巴勒斯坦双方谈判决定。 在21世纪,耶路撒冷仍然是巴以冲突的中心。

耶利哥 (Jericho):

耶利哥城位于约但河西,离南端的堡垒约5英里,在死海之西北约10英里。坐落于辽阔的约但平原,在水平线近千呎以下;虽然距圣城不过14哩,地势却比耶路撒冷低约3,500呎。由于这样的地形,故耶稣说到好撒玛利亚人的比喻时,说的是一个人"从耶路撒冷下耶利哥去"。连贯耶路撒冷与耶利哥、长约二十七公里(十七英里)的路道,极其陡峭荒凉,是强盗出没之所。耶利哥在旧约中就很出名,多次出现,有许多有趣的故事发生在哪里。她是第一个被以色列人攻陷的城池,攻城的经过就是一个传奇。以色列人在约但河东之摩押平原停留不久后,就以耶利哥城为进军的目标。约书亚(Joshua)先派遣探子刺探城中情形及附近地势,城中的妓女喇合接待探子,并帮助他们逃脱。由于她的协助和合作,城破时她与家人幸免于难。以色列人围困耶利哥时,每日默不作声地绕城1次,一连6日,第7天则绕城7次,然后祭司吹角,百姓大声呼喊,城墙果然倒塌,不攻自破。新约时代的耶利哥城,是希律王所重建的,其址在旧约原址以南约1英里,位于盖勒特河,很宏伟,且在当时是一个重要城市。现今的耶利哥城包括了新旧二址。

3. 故事分析 (Story Analysis)

初略的一看,这个故事的用意似乎很明确。无论是神的代表祭司,还是服侍神的专职部族的人,都没有去帮助那个被强盗抢劫且被打伤的人。因为在他们看来,自己是神的子民,是高人一等的,不愿意降低自己的身份去帮助那样一个"贱民"形象的人。而且,如前所述,当时犹太社会中的层级关系把人分了类，在犹太人看来，那些神的子民才是他们的邻居。对于路上的伤者，他们不清楚身份，以免麻烦，可能是为了自己的安危，也可能为了避免触着死尸致沾染污秽，祭祀和利未人就绕道而行。

耶和华对摩西说，你告诉亚伦子孙作祭司的说，祭司不可为民中的死人沾染自己，除非为他骨肉之亲的父母，儿女，弟兄，和未曾出嫁，作处女的姊妹，才可以沾染自己。(利未记21:1-3)

文中并没有指出伤者的身份，因为在这并不重要，在神的眼里，所有人都是他所爱的，这位伤者就是一个需要帮助的人。而那个被犹太人所不耻的萨马利亚人反倒伸出了援助之手。他没有问那陌生人是犹太人还是外邦人。他很明白，如果当时二人的处境颠倒过来受伤的是他自己，而行路的是某个犹太人，那么，那犹太人必会吐唾沫在他脸上，然后会轻蔑地走开的。但他并不因此而踌躇，也不考虑自己留在那里会有被劫的危险。他只看见在他面前的，是个受苦需要救助的人，此外他就无暇顾及了。他脱下自己的外衣，替他盖上；拿自己路上准备用的油和酒，来医治受伤的人使他清醒。他扶他骑上自己的牲口，一步一步地跟着慢慢行走，免得他因颠簸而增加痛苦。他把他带到客店里，无微不至地照应他一夜。次日早晨，撒玛利亚人看那人有了起色，才放心赶自己的路。但在未走之前，他把那人托给店主照应，付了账，又拿一些钱存在店里，供他使用。可是连这样他还怕不周到，于是再给他作了准备，对店主说："你且照应他，此外所费用的，我回来必还你。"他真是尽心尽意的在帮助那个伤者。

根据祭司和耶稣的对话可以看出，耶稣想要传达的意思是：邻居不一定是自己的家人亲属，也不是专指那些在犹太社会等级关系中与自己关系最近的人，邻居不仅限于与我们同一教会或同一信仰的人；邻舍是无种族、肤色或阶级之别的。凡需要我们帮助的人都是我们的邻舍；凡被仇敌蹂躏伤害的人都是我们的邻舍；凡身为上帝产业的人都是我们的邻舍。耶稣指明真的宗教信仰，不在于制度、信条或仪式；而在于仁爱的行为，在于为他人谋求最大的幸福，在于纯正的善良。在于博爱。

如果仅仅只是读懂着一层意思，那就还没能领悟着这个故事中所彰显的耶稣的非凡智慧——神的智慧。

4. 耶稣的智慧 (Jesus' Wisdom)

先前提到，律法师向耶稣提出问题是想试探耶稣，结果却得到耶稣的指点和教训。律法师问："我该作什么才可以承受永生"，耶稣却不直接回答，而是反客为主地问他："律法上写的是什么？你念的是怎样呢？"律法师的回答是引用了圣经中的原话："你要尽心，尽性，尽力，尽意，爱主你的神。又要爱邻舍如同自己。"当然是正确的。耶稣肯定了他的回答并说："你这样行，就得永生"。祭司不可能否认自己没有这样行，也无法反驳，只好再追加一个问题："谁是我的领居呢？"来掩盖他没能遵守律法的事实和挽回自己的面子。"邻居"的概念是模糊的，祭司认为自己深谙律法，却同时承认自己不理解邻居的定义。如前所述，律法师生活在存在着层层等级的古犹太社会中，他是无法把外邦人当成自己的邻居的。耶稣抓住这个机会，讲了好撒玛利亚人的故事来回答他。耶稣的目的不是要为律法师树立一个可以仿效的榜样来帮助他灵命的增长，而是要消除他心中那种把外邦人如萨马利亚人排除神的爱之外的那种等级观念。在需要帮助的人面前，无需用那种等级观念来衡量这人是不是值得去帮助，值得去爱。是愿意帮助弱者，谁就是他的邻居，对于施助者来说，也就是把所有需要帮助的人，不管身份如何，都当成自己的邻居。

　　这个故事的最后，有一个视角的转换。耶稣向律法师问谁是那个被强盗袭击者的邻居，来回答律法师："谁是我的邻居？"。无形之中把律法师放到了需要帮助者的位置。在祭司心中他是直接服侍神的，与神亲近的人，安安全全的生活在层层等级中的内圈中，怎么可能是可怜的需要帮助的人呢？本来想要在公众面捉弄耶稣的律法师反倒成了需要别人怜悯的对象，而且是受到他所认为的可鄙的萨马利亚人的怜悯和帮助。在三个人中，本来祭司和利未人才应该是律法师可以认可的人，但是他却不可能选择他们两个，而不得不认可那个萨马利亚人的行为。律法师的回答："是怜悯他的"，而不直接说成："是那个萨马利亚人"，这也反映了律法师的尴尬与不情愿。不知律法是是否真正领会了耶稣的用意，其实，耶稣也是真诚的要律法师明白，从神审判标准来说，需要帮助的人不仅仅是那些在现实社会中的弱者，那些知行不一的神职人员、只把上帝的诫命当作教条去教化别人，却没能在现实生活中能够遵行神的更大的戒命，活出神的爱的人、那些把自己放在特权阶层的圈子里，而排斥外邦人的人也同样是需要怜悯的人，因为他们违背了神的真意，是罪人。

　　整个故事，寥寥数语，简单明了，然而却内容丰富，寓意深刻。而且耶稣步步设局，牵引着律法师按照他的问题无可选择的做出耶稣所要的答案，以此来点拨律法师，真诚的帮助他灵命修道的精进，同时也向公众宣扬的神的博爱。耶稣所彰显的智慧，真是神的智慧呀！

5. 现世启示 (Enlightenment to the Modern World)

这个故事, 再次宣扬了爱的主题。我们要爱上帝, 就要爱我们的邻居, 这是一个整体合一的概念。只爱上帝而不爱邻居, 其实就是只爱自己, 是自私的爱, 也就不算是爱上帝。耶稣再把邻居的概念诠释为所有的人, 没有信仰、种族和地域的界限。好撒玛利亚人没有问谁是他的邻舍, 看谁是值得他爱才去帮助, 而是主动, 立即, 自发, 不计算代价, 不求回报地去爱人。他的爱心事奉, 正是那种超越之爱, 超越民族和仇恨的爱, 是神爱的彰显。

现实社会中存在着许多像这个故事中的受害者一样需要帮助的人, 如果他们得到了像好撒玛利亚人那样的及时抢救, 幸免于难, 当他再次站起来时, 他一定会充满感恩之心, 重拾他的生命真义, 回报主恩。他必仿效"好撒玛利亚人"去拯救, 去关怀那些被罪恶, 被撒旦, 或被疾病所击打的受害者。他会感到他今天的生命, 已不再是属于他的了, 是神再次所赐的。从主白白而得的, 是要白白而施; 前为己活, 今为主活。他经伤害而明白人生, 经哀恸而得安慰, 这样的人, 就更能帮助那些与他有同样遭遇的人了。这也就是"爱能够唤醒爱"的道理。

今日的世界和耶稣的时代一样, 同样需要好撒玛利亚人的品质。不要让自私和冷淡的形式主义熄灭爱的火焰, 破坏那使人的品格放出芬芳的美德。对于基督徒来说, 他们代表的是基督, 一个真正的基督徒就不能只在口头上宣扬上帝的救恩和爱, 而是要发自内心的去爱, 并且能在实际行动上把爱奉献给别人, 不只是家人、亲人和朋友, 而是一切需要帮助的世界上的任何人, 有的是经济上的帮助, 有的是思想上的, 信仰上的帮助。基督徒要在拯救人类的事上与基督联合。现在有许多基督徒确实做到了, 让我们看到了他们身上彰显的基督的魅力, 神的博爱。

然而, 这种博爱的精神是需要要推广的, 不能仅仅是基督徒们的责任。一个真正有着坚定的崇高的信仰的人, 都应该是这样的。在中国, 一个真正的, 纯粹的共产党员不也是这样吗? 但是, 仅仅是这些人的爱是不够的, 要所有人都有这样的博爱之心, 世界才会成为神的充满爱的人间天国。

正是基于圣经中的这个故事, 现在世界上许多国家都有一条法律被称作好撒玛利亚人法 (Good Samaritan law)。在美国和加拿大, 这是给伤者、病人的自愿救助者免除责任的法律, 目的在于使人做好事时没有后顾之忧, 不用担心因过失造成伤亡而遭到追究, 从而鼓励旁观者对伤、病人士施以帮助。在其他国家和地区, 例如意大利、日本、法国、西班牙, 以及加拿大的魁北克, 好撒马利亚人法要求公民有义务帮助遭遇困难的人 (如联络有关部门), 除非这样做会伤害到自身。德国有法例规定"无视提供协助的责任"是违法的，在必要情况下，公民有义务提供急救，如果善意救助造成损害，则提供救助者可以免责。人间的法律越是能和神的爱的标准合一，就越能表明社会正义力量的强大，人间天国实现的希望就越大。然而，可惜的是，人世间还是需要用法律来维持秩序，保护爱。要是到某个时候再也不需要法律，人们就会自觉的随时彰显神的爱，那就是真正的天国。

参考文献 (Bibliography)

1. 《圣经》(简化字现代标点和合本) Holy Bible (New Revised Standard Version). 上海:南京爱德印刷有限公司, 2002 http:// shengjing.jidujiao.com/

2. 肯.康诺利(著).杨道 (译) 圣经是怎样写成的[M].   北京: 知识出版社, 2004

3. 陈钦庄.et al. 基督教简史[M]. 北京: 人民出版社, 2008

4. 罗森斯托克-胡絮[美] (E.Rosenstock-Huessy) (著).徐卫翔 (译). 越界的现代精神 (The Christian Future or The Modern Outrun). [M]. 上海: 华东师范大学出版社, 2008

5. 曾庆豹.上帝、关系与言说——批判神学与神学的批判(God, Relation & Discourse—Critical Theology And The Critique of Theology). 上海: 华东师范大学出版社, 2011

6. 莫尔特曼[德] (著).曾念粤 (译).俗世中的上帝.北京: 中国人民大学出版社, 2010

7. 古敏.et al. 圣经文学二十讲.重庆: 重庆出版社, 2005

8. 霍金斯[美] (著).朱振宇 (译).但丁的圣约书——圣经式想象论集 (Dante's Testaments: Essays in Scriptural Imagination [C]. 北京: 华夏出版社, 2011

9. 程小娟. 圣经叙事艺术探索[M]. 北京: 宗教文化出版社, 2009

10. 吴天明. 中国神话研究.[M]. 北京: 中央编译出版社, 2003

11. 章太炎.et al 国学大师说佛学. [M]. 云南: 云南人民出版社, 2009

12. 赖品超.et al 天国、净土与人间: 耶佛对话与社会关怀[C]. 北京: 中华书局, 2008

13. 维多利亚.帕克(英) 圣经故事[M] 北京: 中国华侨出版社. 2010

14. 薛平. 伊甸园神话揭秘[J]. 扬州大学学报,人文社会科学版,1997.(6)

15. 何先月.伊甸园的政治学[J]..河池学院学报,2005(8)

16. 张清华. 道经精华. [M].北京: 时代文艺出版社.2003.8 P,9

17. 吾敬东. 从伊甸园故事解读犹太民族的早期历史. 圣经文学研究·第二辑.

18. 《马克思恩格斯选集》第1卷, 人民出版社1995年6月

19. 习近平.紧紧围绕坚持和发展中国特色社会主义 学习宣传贯彻党的十八大精神——在十八届中共中央政治局第一次集体学习时的讲话（2012年11月17日）

20. http://club.163.com/viewElite.m?catalogId=301431&eliteId=301431_100df71e33b0006

21. http://doraemon-o.blog.sohu.com/41193527.html

22. http://wenku.baidu.com/view/1f19be245901020207409ce4.html

23. http://baike.baidu.com/view/40593.htm

24. http://baike.baidu.com/view/51985.htm

25. http://baike.baidu.com/view/9492677.htm#7

26. http://www.sznews.com/news/content/2007-04/30/content_1091669.htm

27. http://www.malaccagospelhall.org.my/science/science4.htm

28. http://baike.baidu.com/view/242064.htm

29. http://baike.baidu.com/view/1460.htm

30. http://tool.xdf.cn/jdyl/result_chenduxiu.html

31. http://xinfu1000.blog.hexun.com/19117769_d.html

32. Holy Bible, New International Version® Anglicized, NIV® Copyright © 1979, 1984, 2011 by Biblica, Inc.® Used by permission. All rights reserved worldwide.